高登第博士 著

直覺陷阱

擺脫認知偏誤，
擁有理性又感性的30個超強心理素質

推薦序

國立清華大學諮商中心 副主任 吳怡珍 博士

　　我在國立清華大學諮商中心服務及在擔任諮商心理師期間，接觸過的個案幾乎都帶著情緒困擾議題而來，無論是在親密、人際、親子關係上，或是課業學習、生涯規劃、工作上，情緒困擾引發的源頭是自身如何看待事件及對經驗的詮釋，而通常這些想法多少都帶有著認知扭曲及偏誤，因而導致行為及抉擇上無法解決日常生活中碰到的問題。而個案面臨的情緒困擾現象也正如高教授所撰寫的這本《直覺陷阱：擺脫認知偏誤，擁有理性又感性的 30 個超強心理素質》中提到的捷思法（heuristics）所形成的直覺，而如何修正這種自動化想法，方可避免自我認知偏誤，在行為上才能採取更適當的問題解決方法並改善情緒困擾。

　　這本書的特色是將原本很艱澀的心理學學術名詞以非常淺白的方式加以詮釋，並將其融入日常生活之中予以探討，

我曾經聽過一個笑話：「所謂的專家學者就是把簡單的事情
處理得看起來非常複雜，以彰顯他的知識高度與人不同。」
其實不然，高教授的這本書深入淺出、引人入勝，愈見其功
力之高深。此外，全書編排方式是由三十個獨立的小章節所
組成，相當適合忙碌的現代人抽空分批閱讀。每一章的開頭
先談一個容易造成人們認知偏誤的心理學效應，並介紹這些
心理學效應的起源與發展，後續再接著分析大家日常生活中
常見的案例，從教育、工作、愛情婚姻，甚至於人生的價值
觀，無所不包，可說是涵蓋了許多人一生中所可能遇見的場
景。

　　例如本書第一章所探討的「參考點效應」便十分精彩。
該章中所提到的「社會比較理論」，正是我從事心理諮商服
務工作時所常遇到的關鍵解決手法。現代人在學時比成績，
就業後比工作薪水，為人父母後又再去比子女成就高低。華
人文化的家長們大多持有著「不能讓孩子輸在起跑點」的觀
念，深根蒂固植入孩子腦海，使得孩子們咬牙苦撐、無法享
有快樂的童年，最終也影響著孩子未來面對各種競爭時無法
有效排解壓力，而發生可能導致一輩子無法挽回的事！

　　書中另一章談論猶豫不決心態的「布里丹毛驢效應」也

十分有趣。在該章中提出了一個大家似曾相識的阿拉丁神燈故事，但其內容寓意又和大家所了解的情節不同，主要便是圍繞著猶豫不決所造成的遺憾悔恨。在華人文化下也常看到內化的完美信念，不容些許錯誤與失敗；但其實，人生在世不必事事力求完美。如果執著於要求自己每件事情都處理得完美無暇，很有可能便會產生猶豫不決的心態，反而造成錯失先機而兩頭落空。

近年來在書市上有關於科普心理學的書籍有如浩瀚大海，雖然其中也有些許佳作，但是絕大多數都是翻譯作品，畢竟與台灣的時空背景有些許出入，再加上東西文化的差異，總令人有些許格格不入之感。高教授所撰寫的這本書《直覺陷阱：擺脫認知偏誤，擁有理性又感性的 30 個超強心理素質》則完全是以本土的生活案例做探討，十分契合台灣現代人的生活情境，對於讀者未來人生道路上，具有相當實用性。

在看完這本精彩的科普心理學書籍之後，不但對我個人在心理學知識上產生更多的啟發，也提供了相當好的素材供我在心理諮商輔導實務上運用，相信讀者在閱讀完本書之後，不但能夠吸收心理學的相關知識，同時也能應用於實際

生活之上，對於處世，甚至於未來人生的規劃，均具有相當
大的助益。總而言之，這本書對於現代人一味地相信直覺所
可能產生的認知偏誤，更是具有相當的撥雲見日之功！

吳岱穎

推薦序

臨床心理師 李郁琳

　　我很高興看到高登第教授撰寫了這本書籍，更在書中真切感受到，他想透過淺顯易懂的文字及案例來傳達心理學中與認知偏誤有關的知識，讓一般民眾都能看得懂，也知道自己在生活中可能犯了哪種認知偏誤，及對自己造成了何種影響。

　　本書各個章節採用的基本架構，是將各種心理效應的起源及定義說明做了清楚的標示，再融入本土的生活化案例，讓讀者更了解該偏誤是如何不知不覺地存在於我們日常生活之中。此外，對於如何避免這種心理效應所帶來的認知偏誤，作者在書中都有詳細的說明，最重要的是，文末還提供了作者自己的反思及叩問，非常用心，令我印象深刻。

　　真正的專家，不是用深奧難懂的詞彙或文字考倒讀者，

以證明自己的專業，而是能將難懂的理論或專有名詞，用更貼近社會大眾的習慣及視角，將所學傳達並促進知識的流通。閱讀後的我，呼應作者撰寫本書的初衷，我想說——這本書做到了！

序言

　　市面上有關於勵志的書籍林林總總多如滄海，與其把這本書定位成勵志書籍，倒不如把它稱為反勵志書籍更為恰當！但本書並不是教人意志消沉，而是希望透過跳脫自我的心理偏誤，而達到相對理性決策，甚至於更豁達的人生，這才是本書的目的！

　　我在教授社會心理學的第一堂課往往告訴大家，這世界上只有兩種人：不理性的人，與非常不理性的人！這世界上幾乎沒有絕對理性的人存在！1978 年諾貝爾經濟學獎得主美國經濟學家兼認知心理學家赫伯賽蒙（Herbert A. Simon）提出了「有限理性」（bounded rationality）的觀點，該觀點主張人的理性是處於「完全理性」與「完全非理性」中間的「有限理性」，此一說法更加印證了這世界上沒有絕對理性、而只有相對理性的存在！

　　經濟學與心理學向來是社會科學當中的兩門顯學，本人

有幸在求學生涯當中恰巧以經濟學與心理學作為研究方向。持平而論，與經濟學相較，心理學似乎更能貼近現代人的需求。一般民眾未必熟悉台灣的經濟成長率或是各種個人的投資管道是否具有前景，但是每個人自身的心理層面問題卻不容小覷。小自個人的心理健康，大至個人的認知偏誤，在在都影響到我們對外界人事物的判斷，一旦判斷失準，可能就會造成生活素質受到影響，甚至影響到心理健康度。

曾經有一位長輩打電話給我，他告訴我他心靈上感覺很空虛。由於我知道他的經濟實力，所以我建議他不妨多參與一些類似義工回饋性的社會活動，但是他卻一口回絕，他覺得與其花時間在做沒有物質回報的工作，不如把時間花在那些能夠獲取更多金錢報酬的工作之上。我當下只是笑笑地回覆我尊重他的選擇，不過如此一來，他的心靈空虛問題恐怕仍難以得到解決！

其實人的一生，在辛勤工作之餘能夠花在物質享受上的時間又有幾何？工作賺錢不是就是為了換取更好的物質與精神生活嗎？若是一味地只知道努力賺錢卻忽略了精神層面的富足，可能就會類似本書關於「適應性效應」的章節中所述「物質的效用性愉悅容易消蝕，但是精神層面的滿足似乎較

能持續較為久遠」，或是會有心理感到空虛的症候產生。

　　其實幾乎所有初期的心理症狀，都可以從改變自我做起，若是本身打心眼底就抗拒改變，那麼預約再多的心理師去尋求專業的諮商協助，恐怕也於事無補！

　　在歷經職場與學術生涯近二十年之後，一直想找機會貢獻所學回饋給社會大眾，無奈學術工作忙碌，再加上心有旁騖，因此遲遲無法抽空開始動筆。此次由相交近四分之一世紀的時報出版董事長政岷兄積極鼓勵與全力支持下，我終於決定排除萬難開始構思內容方向。然而在過去二十多年的學術生涯中所寫的文章，幾乎百分之百都是以英文撰寫的學術性文章，雖然進入學術圈之前也與出版界頗有淵源，曾出版過多部翻譯作品並獲獎，但時隔二十年沒有提筆撰寫中文文章，一開始時還覺得文字駕馭的功力大不如昔呢！

　　在本書的 30 個章節當中所提出的各種效應與現象，幾乎都是現代人常常會犯的認知偏誤。認知偏誤本身並不可怕，可怕的是大家不知道自己具有認知偏誤，就像是許多患有心理疾病者並不知道自己患有心理疾病一般！

　　近十年以來，書市上已有不少以心理學科普化為主題的書籍。雖然其中不乏佳作，但以我個人的觀點觀之，似乎仍有隔靴搔癢之感。其中最主要的原因，便是許多探討心理效應的科普書籍都是翻譯作品，其中所舉的例子未必與台灣民眾息息相關，也就是較為缺乏共鳴點。因此本書各個章節的基本架構安排，均包含有各種心理效應的起源、定義說明、本土生活化案例、如何避免這種心理效應所帶來的認知偏誤，以及對心理健康的啟示。

　　簡單來說，我希望以淺顯易懂的文字，跳脫市面上許多心理學書籍充斥著專業術語所造成的隔閡，與讀者建立起一個更直接親近的管道。也就是說，我希望透過非學術性的文字，將本書定位為「台灣的心理學者寫給一般民眾都能看得懂的心理學書籍」，透過生活化的敘述方式，能讓大家多了解心理學上的各種偏誤效應，從而建立起更正確的價值判斷法則，更進一步地讓自己的心理更加健康。

　　本書的完成，除了要感謝時報出版董事長政岷兄的全力支持之外，也要感謝悅讀線主編謝翠鈺小姐的編排建議；同時我也要感謝我的兩位同事：國立清華大學諮商中心副主任吳怡珍助理教授，以及朱惠瓊副教授提供諮商領域上的專業

意見。這世界上沒有各領域皆專精的全能學者，因此集思廣益是相當重要的一件事。我們的人生也是一樣，沒有人是萬事通，必須透過個人的交友圈或是人脈，才讓人更有機會在這個現代社會中一帆風順。

最後，我想補充說明一點，本書雖然試圖透過分析各種認知偏誤而讓大家能避免非理性的決策過程；然而，理性的人真的比較好嗎？這又是一個大哉問！過於理性者通常會給人一種冰冷、難以親近的感受，而且對於自己容易造成過高的人生標準，也就是所謂「完美主義」（perfectionism）人格，而這往往就是痛苦的來源。其實人生沒有所謂的一百分，懂得適時地放鬆自己的標準，不要對自己和他人過於苛求，一定能提高自己的生活品質，享受生命該有的光輝！

當你陷入情緒困境而無法自拔之際，除了尋求專業的協助之外，亦請記住下面這段話：「這世界上能夠真正陪伴你一輩子的不是父母、配偶、子女，而是你自己。」因此，何不從今天開始對自己好一些？無論是物質面或是精神面亦然。倘若連你自己都吝惜對自己毫無保留地付出，又怎能奢望他人善待自己？

二〇二二年二月於風城 高爲峯

目次

Chapter

01

參考點效應
（The Effect of Reference Points）

參考點效應（Effect of Reference Points）：又稱為定錨效應（Anchoring Effect）。2002 年諾貝爾經濟學獎得主、美國普林斯頓大學心理學家丹尼爾‧卡尼曼（Daniel Kahneman），以及史丹福大學心理學家艾默士‧特弗斯基（Amos Tversky）率先應用參考點（reference point）的觀點來解釋「展望理論」（prospect theory）。人類在進行決策時，傾向於過度倚賴內部或外部的現有資訊（亦即「定錨點」）作為比較的基礎，即使此一資訊與該決策無直接相關性。在進行第一項決策時，人們傾向於利用此「定錨點」作為評估的標準，據以作出決定。在後續的決策中，再以第一個決策作為評估的準則並予以逐步修正。此種「定錨點」最大的問題是如果一開始便與所需制訂的決策失焦，將可能影響到後續決策的品質。

　　「參考點效應」指的是人們在判斷時，會使用過去曾經有過的經驗值或外在線索（cue）作為判斷的標準。「參考點效應」又區分為「內部參考點效應」與「外部參考點效應」，過去的自身經驗值在心理上產生參考點比較標準是屬於「內部參考點」（internal reference point），而對於從外在環境中所獲得刺激信息當作比較標準則是「外部參考點」（external reference point）。

　　心理學的觀點指出，無論是「內部參考點」或是「外部參考點」，「參考點效應」經常是歧視、盲目崇拜與價值誤判（value misjudgment）的罪魁禍首。

　　用一般通俗的話來說，參考點就是人們評估某件事做得好不好的評斷標準。在心理學上也有個類似的理論，稱為「社會比較理論」（social comparison theory），它是由美國心理學家里昂・費斯汀格（Leon Festinger）於 1954 年所提出的看法。「社會比較理論」主要是闡述由於缺乏客觀的比較標準，人們只好透過和外在的他人做比較，以進行自我評價。參考點則可用於說明上述的評斷標準如何形成。

　　基本上，社會比較可以分成「和自己比較」與「和他人比

較」兩種。「和自己比較」是指自己最近發生的事件和上一次
自己發生類似事件的比較，而「和他人比較」是指自己最近發
生的事件和他人在同一事件上的比較，而人們通常會犯的毛病
便是「和他人比較」，以下便舉例說明：

　　我有個朋友三不五時向我抱怨別人的小孩為什麼可以念
台大醫科？為什麼可以出國留學？為什麼成績又好又孝順？為
什麼我的小孩就這麼差勁？我只回他一句：你自己當年成績好
嗎？又乖又孝順嗎？他頓時語塞！在論及參考點的時候，我們
最常看到的便是上述的「社會比較理論」，社會比較理論主要
內容之一談的便是自己與他人作比較，但為什麼人與人之間要
作比較呢？

　　再來看一個例子：你也許在馬路上常常看到補習班的跑馬
燈顯示著：「狂賀本班學生林某某在校段考成績數學 100、張
某某全校成績排名第一名……」我常常在想一件事，現在大學
這麼多，幾乎每個人都有大學可以唸，為什麼升學壓力並沒有
降低？有一次我問一個家有高中小孩的朋友，對話內容約略如
下：

　　我：「你家小孩呢？」

他：「去補習班補習數學了，不然怕他指考成績不好。」

我：「現在很多大學都招不滿學生，甚至有些國立大學沒那麼熱門的科系也是如此，你為何要擔心你小孩指考成績不好而沒有大學可唸？」

他：「你不知道啦！我不是擔心小孩沒有大學可唸，考上大學當然沒有問題，而是擔心考不上國立大學。」

我一聽就覺得這是家長的問題，因為現在幾乎所有學生都有大學可以唸的時候，家長便變得想要自己的子女拼國立大學，那麼等也許十年後所有私立大學都已不存在，而所有大學全部都是國立大學之時，那是不是大家只要自己的小孩唸台清交成呢？

我在大學教書的資歷已超過二十年，雖然我對目前的教育制度深表不敢苟同，但我的理智告訴我，目前畸形的升學壓力並非全然是教育制度的問題，而是許多家長在傳統的升學觀念下已經被參考點制約了！也就是說，身為家長者常常會和自己周遭親朋好友作比較，誰家的小孩考上台大醫科、台大電機……。

　　誠然出路好的科系固然可以確保未來職場生涯較為順暢，但私立大學畢業的學生就注定未來一輩子抬不起頭嗎？我自己眼見的例子未必如此！在自己有興趣的專業上努力發光發熱，未來成就未必遜於那些只會死唸書的書呆子。

　　由於工作環境之故，我認識不少學生時代一路是學霸的人物，這些人當年從建中、北一女一路過關斬將考上台大，然後出國取得國外名校的碩士博士，求學之路一路順遂，最後返台任教。這些在心理學上稱之為「top dog」（人生勝利組）的人士固然在學術上的表現有目共睹，然而部分人士在學術以外上的表現卻乏善可陳（例如社交應對能力、人情世故，甚至生活自理能力等），甚至比不上凡夫俗子！

　　我常常在想，人之所以生而為人，除了在工作領域上需保有一定程度之專業性之外，是否也應均衡發展，才不枉來世上一遭？

　　在「社會比較理論」當中，和他人比較又可以分為「向上社會比較」（upward social comparison）與「向下社會比較」（downward social comparison）。「向上社會比較」指的就是比自己優秀的人（或團體）做比較；而「向下社會比較」指的

是與比自己不如的人（或團體）作比較。社會心理學的理論指出，如果是以個人為比較標的之時，採取「向下社會比較」，會讓你自己感覺比較快樂，因為不會產生自尊受損的情況；但是如果以團體為比較標的的時候，採取「向上社會比較」會讓整個團體更加進步。

我常舉一個很有趣的例子：通常新娘（新郎）在找伴娘（伴郎）的時候，不會找比自己顏值高的友人來當伴娘（伴郎），以免在婚禮中搶了自己的風采。而在職場中，許多企業會把性質接近的部門（例如房屋仲介）劃分為許多小組，然後做分組競賽，定期公布評比結果，此舉就是在刺激所有員工能夠產生「向上社會比較」（也就是口語中的「見賢思齊」）的心理，為公司創造更好的業績。

身為一個獨立自主的個人，要想不受傳統觀念的制約，唯有避開參考點與個人的向上社會比較，才會讓自己與子女更加快樂！請記住，成績單上的分數只是一個數字，就如同成人世界中你我的銀行存摺上之數目就只不過是一個數字而已，它永遠不可能、也無法代表一個人的未來成就與生活幸福度！

「有為者亦若是」效應

(The Me-Too Effect)

「有為者亦若是」效應（Me-Too Effect）：原本是行銷學上常用的一種行銷手法，意指後進廠商採取模仿市場領導者的產品功能或市場定位，從而獲取消費者原本對領導廠商的認同度，進而達到快速取得銷售量與擴大市場占有率的目的。然而從心理學的「第一印象」（first impression）觀點來看，大眾仍傾向於對先發者賦予較多關愛的眼神，至於 copycat 終究只是 copycat，若一味模仿卻無法走出屬於自己的道路，未來之發展恐仍屬有限。

在戰國時代的越國，有位號稱「中國四大美女」之一的西施，據說具有沉魚落雁、閉月羞花之貌，她的一舉一動都深深讓人眼睛為之一亮，但是她有胸口不適的老毛病，所以每次發病之時，總是蹙緊眉頭，讓外人更加覺得此時的西施更別有韻致。住在隔壁村的東施長得其貌不揚，有一天看到西施捧著胸口的樣子十分迷人，覺得自己若是也擺出同樣的姿勢，一定能讓村民喜歡她，於是她也效法西施捧心的姿勢，沒想到村民一見到她，反而更加避之唯恐不及。這便是「東施效顰」這句成語的由來。

我向來不鼓勵大家閱讀名人偉人傳記，例如王永慶傳、巴頓將軍傳、郭台銘傳記等等，因為看這些書的讀者不外乎想透過觀察別人如何成功而讓自己也能踏上成功的境界。此種心態在心理學上稱之為「典範學習」（pattern learning），但是事實往往不然！

因為成功者必有其成功的因素，譬如當時的時空背景以及他個人先天的性格與後天的境遇等等，這些成功的關鍵要素都不是透過外在的學習能夠模仿或複製的！雖然我不是「命運天注定」主義的信奉者，但不可否認地，一個人是否會成功，有時還是需要某些程度的機遇。

　　從企業經營的觀點來看，亦不乏「有為者亦若是」效應的範例。舉例而言，台灣某一以小籠包聞名於世的餐廳，我在早年的採訪中曾聽該餐廳的主事者提及，他從來不擔心別的餐廳對入行不久的廚師進行挖角，理由是烹調技術除了看得見的制式規則以外，所需的經驗是無法以文字或書面的形式加以傳承的，例如當天的溫度、濕度、當天的麵糰發酵狀態等，一切還需心領神會。

　　套句現代企業管理的觀念來看，所謂的「知識管理」（knowledge management）在某些行業上，似乎並不適用。古人說「盡信書不如無書」，誠不我欺也！

　　我常常問一些年輕人的夢想是什麼？最常聽到的答案便是：

　　「我希望能開一家咖啡廳，店內有著自我喜愛的裝潢風格，每天身處有濃厚咖啡香的環境，再加上充滿異國情調的法式香頌音樂，有空時可以和上門的顧客話話人生百態、談論夢想，這一切不是十分美好嗎？……你看某某咖啡廳就經營得很好，我也想要和他們一樣。」

　　對於這些充滿天真想法的回答，我常常只是一笑置之而不忍道出真相。當你真的開了一家咖啡廳之後，除了裝潢風格之外，你可能要先熟悉各種咖啡豆的特色、考慮各式咖啡豆的品種、進貨數量與價格，也許還要操心水電、房租、人事等營業成本，最重要的是來客數目與伴隨而來的營業額和利潤。以上所提的現實層面問題，往往不是一句「有為者亦若是」便能輕輕揭過的。

　　「有夢最美，希望相隨」是一句充滿激勵力量的話語，能夠鼓勵人們勇敢地朝向自己的夢想前進。只是在追尋希望與夢想的道路上，可能充滿了荊棘與挫折，若未能提前做好心理建設，一味地以為能夠無風無雨地達成夢想，一旦夢想不如預期般美好順遂，恐怕一時之間會難以承受，若甚至因此而產生自暴自棄的念頭，這恐非眾所樂見之事。

　　華人創業的比例在世界上可說是居於數一數二的地位，其根本原因不外乎：在一個公司待久了之後，老闆往往會對資深且身處高位之員工產生功高震主的心態，因而會進一步提防。因此許多人在有了工作經驗與人脈之後，若是在公司內又遭遇到升遷的瓶頸，就只好被迫選擇自行創業。其中最常見到的理由不外乎是：「別人能，我為什麼不能？」

　　然而事實往往就是如此，自己創業之後才發現並不如想像中的簡單。不是每個人都有足夠的本錢或資源像 7-11 那樣，可以被容許連續虧損七年，第八年才開始獲利。

　　我有位朋友原本在一間本土的小家電公司服務，在公司待了幾年以後，自覺已學到相關的生產技術與掌握客戶人脈，最主要是不認同老闆的經營風格與受不了閒氣，自認為「連像老闆那種人都能成功，我為什麼不行？我若是自己出來創業當老闆，一定比他強一百倍」，因此毅然決然地辭職並自行創業，進入同一產業，並與原東家形成競爭對手。

　　孰知人算不如天算，自行創業後才驚覺創業並非想像中那麼簡單，結果雖然空有夢想與商品創意，但過去二十多年來資金周轉一直不順暢，只能長年累月地挖東牆補西牆，成天為資金周轉而發愁，當年的雄心壯志早已成為過眼雲煙……。我曾經勸他不如早日收山，找一份穩定可靠的工作安等退休。他回答我：

　　「我都已經到了這把年紀，怎拉得下臉再去謀職，聽命於一些年紀比自己小很多的年輕主管或老闆？」

　　誠然，我的內心其實也很清楚，以台灣對中高齡就業者並不算友善的職場環境與風氣來看，我這些建議也不過是聊以安慰的空談罷了。

　　俗話說：「看人挑擔不吃力，事非經過不知難」。看別人做某件事似乎很輕鬆，所以我應該做來也不吃力。事實上，只看到別人光鮮亮麗的光環而未注意到他人背後的付出，往往是現代人的通病。就如同我們在臉書或 Instagram 等社群媒體上，總是看到別人享受美食與旅遊等光鮮亮麗美好的一面，而產生「為何別人都那麼好命」的想法，但卻忽略了他人也許努力耕耘一段時間後，才得以偷得浮生半日閒。

　　每個人都有自己的命運與際遇，絕不可能如同「複製桃莉羊」般地完全複製他人的人生。因此，唯有真正放下「有為者亦若是」的心態，才能有助於你做出相對理性的抉擇；勇於開創屬於自己的人生道路，才是應有的正確心態！也唯有忠於自己的理想，才能讓你擺脫一味羨慕他人的「有為者亦若是」迷思！

破窗效應

（The Broken Window Theory）

破窗效應（Broken Window Theory）：原本是犯罪心理學理論，由詹姆士·威爾遜（James Q. Wilson）與喬治·凱林（George L. Kelling）提出，1982 年 3 月刊登於《*The Atlantic Monthly*》一篇名為〈*Broken Windows*〉的文章。1990 年代，美國紐約市警察局局長威廉·布拉頓（William Bratton）和市長魯迪·朱利安尼（Rudy Giuliani）運用此一理論於當時紐約市的治安政策之上，使得紐約市的犯罪率顯著下降。「破窗效應」主張，致力於打擊一些輕微犯罪和反社會行為（例如，開車超速、亂丟垃圾等），將有助於遏止更大規模與更嚴重的犯罪。

　　顧名思義，「破窗效應」是指如果一幢建築物內有一扇玻璃破碎的窗戶未加修理，將可能引起某些不肖之徒打破其他窗戶的動機，最後這些人甚至會占據該棟建築物，並在那兒從事吸毒等不法的勾當，因而造成治安的死角。

　　同理，不知你有沒有發現，有人在街角隨手丟了一包垃圾之後，如果環保單位未能及時處理，便會引來他人開始仿效，也在同一地點亂丟垃圾。久而久之，此一原本並非垃圾丟棄處所的地方逐漸形成了小垃圾山，即使環保單位三令五申地勸導，仍然難以遏止此一現象……。

　　華人的儒家傳統思想一再告誡我們「溫良恭儉讓」，在現代社會中，溫良恭儉似乎沒有太大的問題，然而「讓」卻似乎頗有討論的空間。

　　在早期留學生的社會中曾經流傳一則事蹟：有一位初到美國不久的留學生，某天駕車出行，在丁字路口遇到一輛違規轉彎的汽車而發生擦撞，這位留學生因初到美國不久不欲惹事上身，再加上英文尚不是很流利，因此車禍發生之後旋即下車查看，並很誠懇地說了一句「I am sorry!」。孰料這位肇事者向警察告知這位留學生說了「I am sorry!」表示已坦承自己有錯

（當時並沒有行車記錄器，或是現代隨處可見的監視器等此類科技產品），結果這位留學生莫名地肩負起肇事之責，真正的肇事者卻反而逍遙法外。

這則小故事並非質疑「溫良恭儉讓」之不合時宜，而是在現代社會中，「溫良恭儉讓」必須因時因地制宜，而非一味地容忍退讓。有時自以為是的容忍退讓，只會造成對方更變本加厲地無視於你的存在，把你視為是「打不敢還手，罵不敢還口」的懦夫！

也許你常常聽到一句話：「吃虧就是占便宜」。我常常在想這句話，為什麼「吃虧就是占便宜」？就現實中的邏輯觀之，吃虧就是吃虧，何來便宜可占？也許你會說「放長線釣大魚」，然而所謂的「放長線釣大魚」通常只發生在具有利益算計的情境之中，而非人與人之間的相處。又或許你會想到，韓信尚有胯下之辱，最終還不是滅楚興漢，成就一代霸業？然而，此一典故的霸凌事蹟僅僅出現一次，如果當年那位欺壓韓信的少年一而再、再而三地挑釁，而韓信也都能逆來順受地百般容讓，那麼是否會有後來成為漢初三傑的韓信，恐怕就是個未知數了。

　　在魯迅的小說《阿Q正傳》中，男主角阿Q在受到欺壓時，常常用所謂的「精神式勝利法」來使自己獲得感情上的平衡，也就是常常用「我只是不想和對方計較，不然對方早就被我……」的自我安慰法來撫慰早已遍體鱗傷的自己。然而，此種自我安慰的方式真的有效嗎？結果往往換來的是無窮無盡的屈辱與恣意的欺凌。

　　我在國外生活了一段相當長的時間，偶爾也會遇到種族歧視的問題，未必是言語或行為霸凌，較多的是態度面的歧視。通常我會對第一次的所謂「不公平的對待」抱持著寬容的態度，然而我的邏輯告訴我，一味地退讓只會讓他人更瞧不起你、更加地想辦法找你麻煩。因此，我通常會採取適時適當的反擊措施，捍衛自身的權益。多年來，此一作法讓我贏得更多的尊重。所以請記得──「當你自己都不懂得，或不願去捍衛自己的權益之時，就別奢望別人會幫你爭取權益」。

　　在現代社會中，「破窗效應」的現象幾乎無所不在。例如，許多灑狗血的八點檔本土劇的劇情中，都有婦女遭受家暴的情節。劇中的女主角在遭遇家暴之後，總是因為施暴者的一再道歉、保證永不再犯的道歉言行而心軟選擇原諒，但最後換來的結果，卻是慘遭日後無窮無盡的再度家暴，也就是陷入

「被家暴－對方道歉－選擇原諒－再度被家暴」的無窮輪迴。如果受家暴者在一開始的時候便認清「有第一次就一定會有第二次」的現實,並勇敢地採取法律途徑,捍衛自己的權利,那麼當可避免日後悲慘的下場。

在 2021 年底發生一件轟動全台灣的親密暴力事件,執政黨某位知名女立委被男友囚禁毆打的新聞曝光之後震驚各界,連身為國會殿堂民意代表的女立委在面臨親密暴力對待之時,竟然一開始也選擇隱忍,最後在新聞曝光之後才選擇走上法律途徑。此一案件告訴社會大眾,即便是身居高位的現代女性在自我的保護意識上,恐仍欠缺足夠的認知與了解。

其實,各縣市政府警察局都設置有婦幼隊的編制,專門負責處理家庭暴力事件,若不幸遇到相關事件,不妨可向當地警察機關求助,或是撥打 113 衛福部家暴保護免付費專線(24 小時全年無休)尋求專業社工人員的協助。

對於上面的例子,我想表達的是:自己的權利要自己爭取,如果只是被動地等待他人協助,恐怕日後自己的權益仍然無法獲得保障。就如同「破窗效應」所說的:如果沒有小心處理一個破口,很有可能會引發他人競相採取負面行為的動機,

並因此造成日後更大的破口。

　　避免「破窗效應」最重要的關鍵，便是把那扇破掉的窗戶補好，也就是「亡羊補牢，時猶未晚」，以免產生日後一發不可收拾的負面連鎖反應，甚或日後失控的場面。其實最好的方式，應該是在一開始產生缺失或破口時，便採取「零姑息」的態度，才能避免「野火燒不盡，春風吹又生」的局面。

　　簡而言之，身處於在現代社會中，一定要懂得適時地武裝自己，絕不容許他人蓄意的侵犯，並避免因自己一時的心軟寬容，而讓他人將自己視為可以恣意欺凌的阿Q。請一定要記得：「忍辱負重並不會換來尊重」，唯有「防微杜漸」才是最佳的自我保護策略！

沉沒成本謬誤

（The Sunk Cost Fallacy）

沉沒成本謬誤（Sunk Cost Fallacy）：2001 年諾貝爾經濟學獎得主、美國經濟學家約瑟夫·史提格立茲（Joseph E. Stiglitz）於 1987 年發表了一篇名為《科技變化、沉默成本與競爭》（*Technological Change, Sunk Costs, and Competition*）的文章，該文章中首度提出了「沉沒成本」（sunk cost）的概念，泛指那些「已經花費掉且無法收回的成本」。古典經濟學（classical economics）中的個體經濟學（microeconomics）主張，任何決策制定時僅需考慮預期成本（prospective cost），而不必考慮沉沒成本，因為沉沒成本是必然付出的代價。如果作決策時將沉沒成本一併考量在內，可能會因為非理性之判斷而對於決策之效益和效率造成負面影響。然而，許多人對於已投入之資源（包括時間與金錢）抱有不願意白白損失之心態，這在心理學上稱之為「厭惡損失」（loss aversion）效應。但此種厭惡損失之心態，在經濟學家的眼中看來，卻往往是非理性的決定，而此種非理性的決策，往往會造成資源的非理性分配（irrational allocation）。

　　沉沒成本謬誤的例子，不論是在日常生活中或是在商業情境中都屢見不鮮。

　　舉例來說，你花了錢去看一場有口皆碑的電影，但是看電影看到了一半之時，你發覺這部電影並不如預期中好看，這個時候你會忍耐著把這部電影看完？還是會選擇提前離場？如果你選擇忍耐把這部電影看完的話，是否是因為不想浪費電影票的票價？因為提前離場會讓你覺得白花了電影票的票錢（也就是「厭惡損失」效應）？

　　從理性的角度來分析，為了不想浪費電影票的票價而忍耐著把一部自己不喜歡的電影看完，真的是明智之舉嗎？從心理學的角度來看，看電影主要是為了讓自己心情放鬆，屬於一種享樂性消費（hedonic consumption）；但是看一部自己不喜歡的電影似乎並沒有達到這種效果。雖然提前離場表面上似乎損失了票價與已進場欣賞電影之時間，但及早結束你不喜歡的電影，似乎更能達成原來放鬆心情的目的，或至少不讓自己的心情變差吧？

　　另外再舉個例子，我有一次在香港旺角某個公車站等機場巴士去香港機場回台灣，站牌上的班次告示牌上寫著每 20 分

鐘就會有一班車,但是我等了半小時,預定的機場巴士還沒有到達站牌,當時我在想,再等 20 分鐘機場巴士總該來了吧?

結果半小時之後,巴士還是沒有來,但是當時我已經等了近一個小時,如果當下選擇離開站牌去搭計程車直奔機場的話,那我前面那一個小時不就白白浪費了?因此我做出了不理性的決策──繼續等,最後又苦等了半個小時,機場巴士才姍姍來遲。雖然我仍然能夠及時到達機場,但是在這長達一個半小時的時間當中,內心焦急的心情卻是筆墨難以形容的。

事後回想起來,如果我在第一個半小時的等待之後就當機立斷離開站牌,放棄等待機場巴士的話,也許就不會這麼匆忙了。

不知道女性讀者有沒有類似的生活經驗:妳買了一條裙子,回家試穿後發現不如預期好看,為了不想白白浪費掉購買這條裙子的錢,於是妳決定再去買一件襯衫與之搭配,而買完襯衫之後又發覺似乎還是美中不足,結果又再去買了一件外套,然後發現還是未達自己的審美標準,最後又跑去買了一雙鞋子試圖力挽狂瀾;當鞋子也買回來之後,最終才發現徒勞無功!如果在買裙子發覺不合適的時候就當機立斷決定放棄此一

沉沒成本的話，也許後面的錢就不會白花了。

　　由於工作之故，我不時會接觸到一些有關於男女感情的個案，最常見到的例子便是：我和他（她）交往了這麼久，他（她）卻突然要和我分手，過去那麼長的一段美好時光轉眼間都成為泡影，想起來真的是不甘心啊！這個時候，我通常會問他（她）一句話：不甘心難道會讓你變得比較快樂嗎？還是單純就只是不甘心這段時間的投入而已？

　　許久以前，有一位已認識多年的友人打電話給我，在電話中他表示：

　　「在離開這個世界前的最後一刻，我希望有個人能和我聊一聊，陪我走完人生最後一段路……」

　　我大吃一驚，因為這位朋友生性較為拘謹，所以我判斷他應該不是開玩笑，我當下立刻告訴他：

　　「你現在人在哪裡？我現在馬上過去找你。電話不要掛哦！」

到達現場之後他告訴我，相交五年的女朋友和他提分手。

「我不知道自己做錯了什麼？她也沒有告訴我原因，只是很堅決地要分手。現在，回想起來過去那段所有甜蜜的回憶都已成為往事，過去五年的時光都已成為夢幻泡影⋯⋯」他搔著頭一臉痛苦的表情。

這個場景是不是很多人都很熟悉？每個人都有自己的故事，而且所有的故事看起來都似曾相識，但是結局可能會大相逕庭！有人選擇沉溺於過去而痛苦地無法自拔，另外有些人則選擇勇於面對現實並迎接未來。我當下的理智告訴我，如果無法找出關鍵原因的話，也只能選擇讓時間沖淡一切！

在感情的世界中，無論是男女雙方，對於已經投入的感情與時間，就理性的角度而言，都應該視為是一種沉沒成本，且抱持著樂觀的「得之我幸，失之我命」之心態。當然，此舉有人可能會覺得知易行難。就統計學上來看，在這世界上與你年齡、性格、三觀相仿的異性多如浩瀚星辰，你何以這麼自信能夠在有生之年遇見與你最適配的對象？

我們應該學習了解一件事：這世界上永遠沒有最佳、最適

配的對象！你要尋找的是在某個時間點下，能與你遇見、且相對於其他人較為適配的伴侶。從邏輯學的觀點來看，百分之百與你完美契合的人恐怕並不存在！

　　因此，以前述的例子來看，分手是既定的事實，和對方相處的時間也只不過是一種經濟學上的沉沒成本，一味地緬懷過去的時光於事無補，不如放下過去，重新迎接未來。未來雖然未必更美好，但總是充滿新契機吧！

　　除了在感情的議題之外，在我們的日常生活當中，沉沒成本的現象也幾乎無所不在，太多人往往執著於不願意放下沉沒成本，而導致生活的不快樂或決策品質的降低。佛家說的「三毒」：貪、嗔、痴，又何嘗不是形容人們無法放下的沉沒成本而導致的生活不快樂？

　　其實從另外一個角度來看，放下沉沒成本的「知覺損失」（perceived loss）去換取生活品質的「實質利益」（actual gain），又何樂不為呢？「塞翁失馬，焉知非福」！我一直深信，當世界為你關閉了一扇窗，必定會另外為你打開一扇門！

Chapter

05

「截止期限」效應

（The Deadline Effect）

「**截止期限**」**效應**（Deadline Effect）：美國 GQ 雜誌的前執行主編克里斯多福·考克斯（Christopher Cox），在 2021 年曾出版一本名為《截止期限效應》（*The Deadline Effect: How to Work Like It's the Last Minute — Before the Last Minute*）的書，書中提到「截止期限」是一種極具效益的誘發人們產生行為動機之工具，此一結論乃是根據他本身對九家組織之觀察所得。他並進一步指出，「截止期限」效應會讓人在工作上更聚焦（focused）、更具生產力（productive），與更加具有創意（creative）。

　　牛津大學出版社所出版的《消費者研究期刊》（*Journal of Consumer Research*），在 2019 年出版了一篇文章，名為〈單純截止期限效應：為何較多的時間反而會戕害目標追求〉（*The Mere Deadline Effect: Why More Time Might Sabotage Goal Pursuit*？）在這篇文章中指出，傳統上大家都認為較多的時間有助於目標的追求，因為較具有彈性以及較少的限制，但是過長的截止期限，可能會對目標追求行為產生不可預期之負面結果。

　　從心理學的觀點來看，每個人似乎天生都有或多或少程度的惰性，也就是「先樂後苦」的想法，例如絕大多數小朋友的寒暑假作業都是在假期結束前一星期才埋頭苦幹。

　　即使是成人也很難避免「先樂後苦」的誘惑，在非緊急必要處理的情況之下，人們很容易產生鬆懈的情緒，總是想著反正時間還早。但是如果面臨了即將到來的截止期限，人類處理事情的動機就會快速提高，以便能夠在有限的時間內完成任務，這便是「截止期限效應」的常見現象。但是，如果截止期限極為短暫，恐怕處理事務的動機未必會上升，反而易產生放棄的心態。

事實上，所謂的截止期限通常會和時間框架（time frame）有所關聯。心理學上有個名詞叫做「時間壓力」（time pressure），它與「截止期限」效應具有密不可分的關係。我在過去的研究中發現一個現象：通常時間壓力太大或是時間壓力太小，都無法讓人產生採取行動的動機，唯有中等時間壓力才能促使人們採取行動。

大家可以想像一個例子：大家在過馬路的時候，通常會看馬路對面的小綠人標示，上面有綠色數字顯示還剩多少時間會變成紅燈。當所剩的時間極為充裕，或足以讓你安步當車的時候，你可能會很悠閒地穿過馬路；但是如果當時間極度不足以讓你穿越馬路的時候，你可能會選擇停下腳步，慢慢地等待下一個綠燈。然而，如果剩下的秒數剛剛好足以讓你以小跑步的速度穿越馬路的話，此時不論你趕不趕時間，一般人也都會以比平常快速的步伐穿越馬路。這就是時間壓力激發人類產生動機的一個例子。

現代人的工作繁忙，時間管理（time management）儼然已成為一個新興的顯學名詞，似乎誰能掌握時間管理，誰就能在人生或事業上繳出一張漂亮的成績單。事實上，時間管理不過就是善加運用技巧、技術，甚至於工具來幫助人們完成既定

的工作，以及實現預期的目標。但大家往往忽略了一點：時間管理並不是要求一定把所有待辦的事情都處理完畢，而是要把時間花在更值得投入的事項之上。也就是說，除了決定待辦事項（to-do list）的優先順序之外，也要決定哪些事情應該摒除在待辦事項之外，以求經濟學上所謂的效益最大化。以下便是一個例子：

　　我記得當年出國唸書前去台北市南陽街某補習班補習GMAT，當時的英文老師告訴大家一句話，我至今仍印象深刻：

　　「除非母語便是英文的考生，否則不太可能做完所有的閱讀測驗題目。因此，在閱讀測驗的部分不要試圖依序閱讀完所有的文章再作答，應該先選擇你對內容、主題比較有把握的文章，然後再好好的作答。如果試圖把所有的文章看完且全部作答，很有可能會因為時間限制而讓你無法靜下心來仔細思考問題的答案，忙中有錯反而會因為答錯倒扣分數而降低你的成績。」

　　我們常常看到有許多人從早忙到晚，似乎永遠有做不完的事情，那很有可能就是「截止期限」效應在作祟。從心理學的

觀點來看，時間是屬於認知資源（cognitive resource）的一種，每個人的認知資源都有限，包括時間、知識、能力、經驗，以及抗壓性等等。迫在眉睫的截止期限通常也意味著高度的時間壓力，那為何許多人在工作上往往都是在趕截止期限呢？

除了本文一開始所提到的惰性之外，基本上不外乎兩個原因：工作負荷量超過本身的認知資源，以及時間管理技巧不足。

我常常聽到有人說，反正截止期限還早，這麼早就開始做要幹嘛？這些人恐怕沒有想過，雖然目前截止期限還早，但你如何得知在這段期間當中不會有需要花費大量時間精力處理的緊急事情發生？請記得：未雨綢繆不會帶來損失，唯有在最後倒數計時的緊要關頭，才可能讓因為高度時間壓力而讓你出錯，甚至做出較為非理性的判斷。

常常有人問我，為何我做許多事情看起來都很從容不迫、很有效率？是否我處理事情的能力高人一等？甚至覺得我是否智商出類拔萃？我的回答永遠只有一個：我並不比別人聰明，我要處理的事情也不比別人少，他人之所以感覺我做事很有效率，只因為我的字典中沒有 deadline 這個字的存在！

　　我永遠都是把預期知道何時要完成的事情提前處理，等待deadline 的時間到來。讓我記憶猶新的事情是，當年在美國唸書的時候，我在預計畢業的那個學期的開學第一週，便完成了學位論文口試。之後剩下的學期時間，只剩下某些課程需要出席，日子過得十分愜意而自在。這段歷史也培養出我日後永遠在截止期限到來之前便完成處理事情的習慣，影響不可謂不深遠。

　　在進入學術圈後，對於每年年底截止申請的專題計劃研究案，我也大多均在暑假時間便開始著手進行，而非像其他絕大多數老師在快要火燒眉毛才拼命趕工。也許是個性之故，我個人不太喜歡把所有事情都聚在一起再一鼓作氣完成，而是希望能從容不迫地將事情予以分散到各個時間段中，以便能逐一加以解決。在我的印象當中，我所採取的方式比起其他人採取急就章的方式，似乎有更高的成功機會。

　　我一直深信，在時間充裕的時候提前未雨綢繆，永遠勝於臨時抱佛腳。雖然「截止期限」效應有助於提升人們處理事物的動機，但套句近來很流行的詞彙，「超前部署」應該才是更好的選擇吧！

心理距離
(**Psychological Distance**)

心理距離（Psychological Distance）：英國劍橋大學的心理學家愛德華・布洛（Edward Bullough）在《英國心理學期刊》（*British Journal of Psychology*）發表了一篇名為《作為一種藝術要素與一項美學原理的「心理距離」》（*Psychical Distance as a Factor in Art and an Aesthetic Principle*）的文章，正式開啟了研究心理距離的序幕。布洛主張，純粹客觀的美學並不存在，若一味地使用超然的客觀標準來定義美學，將會扼殺許多不符合傳統美學標準的美感事實。因此布洛主張以心理學的角度觀之，人們對美學作品是否產生共鳴，取決於觀賞時內心是否產生化學變化，而影響此種共鳴的關鍵要素便是觀賞者與該作品之間的心理距離，也就是觀賞者對於美學與藝術作品之間在心理上的親近性（psychological closeness），而非空間或時間上的距離。

　　有一句廣為電影圈與文學作品界流傳的金句:「世界上最遙遠的距離不是生與死,而是我站在你面前,你卻不知道我愛你。」文學、藝術之所以能夠讓人產生共鳴,不外乎能夠打動讀者的心弦,也就是讓讀者能夠對於書中的內容產生化學反應(chemistry)。然而,要讓讀者產生共鳴的先決條件,就是不能讓讀者產生過於遙遠的心理距離。

　　由以色列社會心理學家尼拉‧李柏曼(Nira Liberman)和美國心理學家雅克弗‧特洛普(Yaacov Trope)所提出的「建構水準理論」(construal level theory),對於心理距離做了另一種生活化的詮釋。「建構水準理論」的核心主張是:

　　某一人事物或事件距離你愈遠,你愈會以更加「抽象」的方式賦予它想像的空間;相反地,此一人事物或事件距離你愈近,你會以較為「具體」的方式加以想像。「建構水準理論」主張,人們對於情境建構的方式可以分為兩種層次——低建構水準與高建構水準。

　　具體而言,高建構水準易導致心理距離遙遠之聯想,而當心理距離遙遠時,容易讓人產生對於事物抽象的觀點;但低建構水準易導致心理距離近之聯想,而當心理距離近時,較容易

讓人對於事物產生具體的思維。一般而言，心理距離近的人事物或事件對於一般人的衝擊較顯著，心理距離遠的人事物或事件則對於一般人的衝擊較不明顯。

　　讓我們來看一個例子：台灣的電視新聞播報經常 24 小時不斷地循環，然而，這些新聞經常充斥著一些並非國家大事或每個人都會遇到的經濟民生議題。因此，台灣的新聞媒體經常為人所詬病。大家對於此一現象予以撻伐的理由不外乎是：這則新聞跟我有什麼相關？

　　從心理學的角度來看，這就是觀眾對於該新聞所感受到的心理距離太過遙遠，也就是「個人相關度」（personal relevance）偏低，因此無法對於新聞所報導的事件或是人物所發生的情境產生共鳴。

　　除了新聞媒體的亂象之外，現今台灣社會上的離婚率也偏高。根據內政部戶政司的統計數據，台灣 2021 年的離婚對數高達 47,887 對，換算成比例大約為千分之二左右，其中以 30 到 39 歲之間的離婚率最高。除了外遇和家暴之外，另外有一個很常見的原因就是，夫妻結婚久了常常因為工作問題而與另一半的關係逐漸變淡，彼此沒有共同的興趣、話題與生活圈，

因而造成的心理距離過於遙遠，最終導致平和的分手。

　　相信每個人都不希望自己的婚姻最終以悲劇收場，然而在現今工商業發達的社會中，許多人的工作時間都相當長，夫妻雙方的加班超時工作已經成為常態。因此各人回到家中都已經是處於身心俱疲的狀態，當然沒有心力與另一半多加溝通。根據我周圍已婚的朋友告知，他們每週與另一半講話的時間合計不超過一個小時，也就是平均每天講話不到十分鐘，其中還包括了生活上必須的溝通（例如生活開支、小孩的教育問題等等）。

　　換句話說，夫妻雙方純粹心靈的溝通幾乎不存在，也就是許多夫妻之間的心理距離幾乎是處於天平的兩端。如果這是一個普遍現象的話，對於台灣高得令人咋舌的離婚率數字，應該就不會感覺大吃一驚了。

　　然而，應該要如何縮短大妻之間的心理距離呢？也許你看過電視上報導結婚數十年來從不吵架的模範夫妻，看來著實令人非常羨慕，「只羨鴛鴦不羨仙」。但是，我勉強相信這世界上確實存在永無意見不合的模範夫妻，但我比較好奇的是，若一對大妻終其一生從來不吵架的話，我大膽猜測這對夫妻恐怕

缺乏夫妻相處之道的溫度，也就是感情是否真的存在？

　　夫妻之間相敬如賓真的是件好事嗎？「賓」者，客人也。夫妻彼此把對方當成客人，以我個人的標準而言，此種關係缺少了酸甜苦辣等人生調味，應該不能算是真正的模範夫妻。

　　常常有人問我，除了對方的家世、個人工作之外，擇偶的標準為何？其實，每個人都有與生俱來的脾氣與性格，在婚前可能有一方會採取較為寬容的態度。然而，時間一久每個人的本性便會逐漸顯露，這也就是我們常常聽到「他（她）婚前都對我百依百順，可是現在都……」的說法。請千萬記住一句話──「永遠不要相信自己能夠改變對方的性格」！

　　從發展心理學的觀點來看，成人的性格是長期養成且具有相當的穩定性，除非受到外界極為強大的衝擊，否則不太容易產生明顯的變化。因此，婚前多觀察對方的個性是衡量未來婚姻契合度的一個極為重要的指標，它有助於縮短日後夫妻之間心理距離的藩籬。

　　至於婚後要如何縮短夫妻之間的心理距離呢？我的建議是，無論工作再忙，每週一定要抽出「家庭時間」（family

time），即使只有短短的兩個小時也好。在這短短的家庭時間中，可以安排家庭出遊、看電影、郊遊，那怕是沒有意義的閒聊八卦也好，這些作法都有助於增加彼此的親密度。

我有一位事業有成的朋友告訴我，他無論工作再忙，每個週日絕對不安排工作或應酬，在家親自下廚給全家人享用，或是全家出遊，即使因為陪伴家人而失去大訂單也在所不惜。對於他而言，親情是無價的，唯有美滿的家庭生活，才能讓他在事業上無後顧之憂。

「維繫親密度」是一項常常被忽略、但卻是維繫幸福婚姻的一項極為重要的關鍵。人生有捨才有得，只要你願意抽出時間來維繫夫妻之間的親密度，再遙遠的心理距離也能消弭於無形！我一直深信，「剎那的幸福即是永恆」！

「自我實現預言」效應

（The Effect of Self-Fulfilling Prophecy）

自我實現預言（Self-Fulfilling Prophecy）：是由美國社會學家羅伯特·莫頓（Robert K. Merton）提出的一種社會心理學觀察，它主要是描繪一種社會現象——人們一開始對某人或某群體之主觀判斷，無論是否正確，都將某種程度地影響到這些受評價者之行為，以至於此種原本未必正確的判斷（或預言）最後果然成真。此一理論濫觴於 1968 年羅伯特·羅森塔爾（Robert Rosenthal）博士所進行的一項著名實驗。首先，他們對某一所高中的學生進行智商測試，然後告訴該班導師其中有許多學生的智商十分高，讓該位導師相信這些學生在未來的課業成績會突飛猛進。但事實上這些所謂的「高智商」的學生並非真的具有高智商，只不過是句話術而已。隨後的實驗結果卻極為出乎意料：那些被老師認為「高智商」的學生（事實上與其餘學生的智商相比並不突出）在未來的課業成績果然令人刮目相看。用最淺顯的說法，自我實現預言就是我們總會在不經意間使我們自己的預言成為真實。自我認知可以完成某一目標，此種心理暗示有助於最後真的完成目標。

　　用口語化的方式來說，自我實現預言指的就是每個人對於自己內心的期許，可能會決定了我們對外在事物的看法，而此種態度進一步會影響到行為，使得外部的行為與內在的心智態度趨於一致。

　　在日常生活中我們常常會受到外界各種訊息刺激的影響，而形成或改變對某件人事物（包括自己）的認知與態度。換句話說，人們常常可以透過口號或是其他方式的刺激來催眠自己朝向某一種自己渴望達到的境界。

　　雖然此種催眠未必一定會成功，但是卻往往對於心中的理想目標能夠向前更邁進一步。早期有不少日本企業會在每天早上正式上班前舉行員工的晨會，除了宣布重要事項之外，有一個很重要的儀式，便是要求所有員工大喊口號：「我是最棒的！我一定能夠完成目標。」此種自我催眠便是「自我實現預言」的一種生活應用。

　　也許你曾經在八點檔的灑狗血連續劇的劇情裡面看過類似的對白：

　　「我家那個死鬼成天不務正業，看他每天忙東忙西的，也

沒搞出個名堂出來，真是沒用！不像別人家的先生事業有成又顧家，簡直是模範先生！我為什麼這麼苦命？嫁給這個不成材的老公……」

以上的對白是否有似曾相識的感覺？在上述的情境中被瞧不起的老公往往真的就此一蹶不振、一事無成，真的應驗了所謂的「自我實現預言」。事實上自我實現預言可分為兩種：正面與負面的自我實現預言。上述的情境便是典型的負面「自我實現預言」。

在工作職場中往往也可以發現許多負面自我實現預言的例子。如果你是公司的小主管，當部屬犯錯的時候，你應該採取什麼方式來面對呢？臭罵一頓？還是考績丙等？扣薪？其實許多人都知道，一味地以負面的懲罰方式加諸於犯錯的部屬身上，未必能使他下次避免犯同樣的錯誤。最重要的關鍵點應該是找出犯錯的原因，犯錯並不可怕也不可恥，最可怕的是一再地犯同樣的錯誤！

英文中有句諺語：「To err is human, to forgive divine!」翻譯成中文便是「人非聖賢，孰能無過？」我們都不是聖人，也都有可能在各種不同的場合或情境中犯錯。所以當你的部屬犯

錯的時候，應該找出對方犯錯的原因，以及解決的方式，來避免未來可能發生同樣的問題。

美國心理學家道格拉斯‧麥可葛雷格（Douglas McGregor）所提出的 X 理論和 Y 理論，向來都是管理學界爭議不休的議題。X 理論主張人性本惡，員工都是偷懶的、喜歡打混摸魚，抱著得過且過的心態；而 Y 理論則主張人性本善，員工不必給予過多的壓力，他們就會自動地為自己的工作負責。

以自我實現預言的觀點來看，在職場中如果對於犯錯的員工予以正面自我實現預言的鼓勵方式，往往會讓他們在日後的工作中表現得更加傑出。相反地，如果在員工犯錯後一味地予以情緒性字眼的辱罵，極有可能會造成日後負面自我實現預言的可能性，也就是增加日後犯錯的機率！其背後可能的心理機制就是因為部屬已經對自己失去自信！

在我來新竹擔任教職工作之後的某一天，有一位公認屬於比較「混」的學生來找我，並問道：

「高老師，我可不可以請您擔任我的碩士論文的指導教

授？」

「怎麼想到要來找我？我目前手邊的學生已經有點讓我忙不過來了，你要不要先找別的老師試試看？」我據實以告。

「不瞞您說，我有找過其他幾位老師，但是他們都不肯收留我。」他愁眉苦臉地說。

「哈哈！你是不是平時上課不夠認真，所以他們覺得你很混？因此不想當你的指導教授？」我半開玩笑地說。

「其實我也不是很混啦！只是有那麼一些些而已⋯⋯」他有點靦腆。

「要我當你的指導教授也不是不行呀！但是我們必須先約法三章，你必須按照我規定的進度完成你的論文。」我這個人向來心軟。

「一定！一定！我保證會按照老師的進度。」他喜出望外地回答。

「其實以我對你的了解，你的資質比許多人都好，只是缺乏全力衝刺寫論文的動機而已。如果我沒看走眼的話，你未來的成就一定比其他同學們高！」我帶著鼓勵的口氣，但其實內心忐忑不安地這麼說。

「真的嗎？老師你真的覺得我的資質比很多同學都好嗎？」他似乎對自己不太有信心地這麼說。

「那是當然的！我教書這麼多年了，從來沒看走眼過。」我看起來充滿信心地回答他。

在這位學生離開之後，其實我深自覺得我對自己剛才的那些話，並沒有十分的把握。但隨著時間的推移，他果然按照我的進度努力用功，最終順利地完成了碩士論文。在服完四個月的兵役之後，他順利地進入了一家股票上市公司，工作過了一年多之後，又跳槽至鴻海集團的某一關係企業工作。如果是以公司規模和薪水等世俗的標準來看，這位學生果然表現得比其他同學好上不少。

前些日子他來找我，非常謝謝我當年的拔刀相助。特別是在所有老師都放棄他的時候，只有我肯伸出援手。平心而論，

當年對他是否能夠按照我的要求去完成他的論文，其實我一點把握也沒有。我只是運用了「自我實現預言」的心理戰術而已。

　　從上述的例子當中，我們可以見證到正面自我實現預言的力量！在人生的道路當中，我們應該學著不受他人的負面評論所引導。有句話說的非常好：「生命中最重要的課題，就是試著讓自己成為思想的主人！」與其對於別人的成功投以羨慕的眼光，不如試著成為自己的救世主！相信自己才能成就更完美的自己！讓我們拋開負面自我實現預言的枷鎖，做自己真正的主人！

現狀偏誤

（Status Quo Bias）

現狀偏誤（Status Quo Bias）：威廉‧沙繆森（William Samuelson）與理查‧沙克豪瑟（Richard Zeckhauser）兩位美國學者於 1988 發表的《決策制定中的現狀偏誤》（*Status Quo Bias in Decision Making*）文章中指出，現狀偏誤指的是人類傾向於維持現狀，即使現狀在客觀上不如其他選項，人們還是比較會做出維持現狀的決定，因為人們潛意識中可能會傾向於把任何改變都視為是一種潛在的風險。簡單來說，就是選擇維持現狀而不去改變，以避免萬一潛在風險發生會遭致損失，此種現象在日常生活決策中十分常見。

　　現狀偏誤的心理機制最主要是損失趨避，人們在面臨現狀選項與其他選項的抉擇時刻，維持現狀往往被當作是一個參考點，相對於改變現狀所獲得的可能收益，人們對改變現狀所產生的可能損失，通常會賦予更大的權重，即使此種收益／損失在規模上不分軒輊（請參閱「負面偏誤理論」的章節）。因此。更傾向選擇於不採取任何行動或者是維持目前的狀態，似乎是一般人更願意採取的作為。

　　當人們更偏愛採取不作為（維持現狀）或維持先前做出的決定時，現狀偏誤的現象就發生了。即使選擇改變只需付出極小的轉換成本，而且決策本身具高度重要性，人們仍極有可能非理性地選擇維持現狀。威廉・沙繆森（William Samuelson）與理查・沙克豪瑟（Richard Zeckhauser）兩位美國學者指出，現狀偏誤可歸因於人們通常具有損失厭惡（loss aversion）的傾向。

　　從心理學上的觀點來看，人們通常會對從前所選擇的行為產生心理承諾（psychological commitment），選擇維持現狀可以確保他們對該項人事物具有承諾感；但若選擇改變，從前所投注的心力可能化為泡影（也就是「沉沒成本」思維），最糟糕的情況是如果因為選擇改變但最後事實證明為誤判，人們極

易產生認知失調和後悔感。

根據 2002 年諾貝爾經濟學獎得主、美國普林斯頓大學心理學家丹尼爾‧卡尼曼（Daniel Kahneman），以及史丹福大學心理學家艾默士‧特弗斯基（Amos Tversky）的研究指出，人們對採取新行動所導致的不良後果，通常會比人們採取不作為而導致的不良後果感到更大的遺憾。

雖然維持現狀偏誤經常被認為是非理性的，但其實也不難明瞭為何它還是普遍存在於日常生活決策之中。由於資訊不對稱和每個人的認知資源有限，堅持過去乍看之下無礙的選擇，通常會是一個較不困難的安全選項。

你也許聽過一句話：人生就是不斷地往前邁進。但如果你抱持有維持現狀心態的時候，就會阻礙前進的腳步，不論是在組織或是生涯規劃當中。

組織變革是企業管理領域當中一個常見的議題，當組織進行改革的時候，通常會遇到相當大的阻力，其中最重要的原因就是現有組織成員害怕改變的心態。他們會擔心如果一旦進行組織改革之後，他們目前所習慣的工作方式與型態都可能會

受到改變，而他們對於這種改變缺乏自信，會擔心現有的工作保障與福利受到損失或侵害，因此對於組織變革採取抗拒的態度。

也就是說，維持現狀對於他們而言，可能是一項風險較小的選擇，即使組織變革之後所帶來的正面利益似乎顯著優於維持現狀。

最近很流行一個名詞叫做「舒適圈」（comfort zone）。所謂的「舒適圈」指的是一個人長期所處的環境，以及在此環境中逐步培養出習以為常的行為模式。通常人們會在此種已習慣的環境或生活模式下感到舒適。許多勵志書籍都告訴大家要跳出自己的舒適圈，勇敢地繼續追求夢想，如果持續地待在舒適圈的話，只會讓自己產生一種非理性的安全感，甚至怠惰感，對於自我成長完全沒有正面的助益。

然而，跳脫舒適圈真的可以幫助人們超脫現有的人生框架，為自己創造出更美好的未來嗎？事實上恐怕未必盡然如此！首先我們必須了解舒適圈的形成過程。就字面上來看，舒適圈指的是人們所處於目前對於他自己感到最舒適、最自在的生存環境。但是，舒適圈並非人為刻意創造出來的，它也是從

一開始的全然陌生，透過一段時間的累積以及對該環境探索的過程，逐漸達到適應，最後達到身心俱感舒適的層次。

　　其實我個人對於跳脫舒適圈的作法並不是完全贊成。主張跳脫舒適圈的人主要是認為，待在舒適圈會讓一個人缺乏鬥志以及消蝕追求向上的決心，唯有脫離舒適圈才能激發人生的鬥志與潛能。然而不可否認的是，人們待在舒適圈中對於環境比較熟悉，比較懂得風險規避；一旦脫離舒適圈進入一個全然陌生的環境之後，由於對環境的不熟悉，可能會遭遇原本可以避免的風險，甚至增加行為失敗的機率。再者，從邏輯上來看，即使人們勇於選擇脫離舒適圈進入一個全新的環境之中，但隨著時光流逝，這個新環境也會成為下一個舒適圈。難道人生就是不斷地在「跳脫舒適圈」的思維中不斷地循環嗎？

　　我曾經看過一篇有關於舒適圈文章寫得很好，這篇文章主張，其實人們應該要做的不是跳脫舒適圈，而是擴大舒適圈。也就是以現有舒適圈為基礎，在現有熟悉的環境中追尋可能成長的空間。此種說法背後的邏輯其實很簡單，也就是：如果人生以追求成長與進步為前提的話，唯有在自己熟悉的環境當中，才能夠降低試誤（try error）的風險。

　　其實人生是否能夠成長與進步，完全取決於動機，而非是否待在舒適圈當中。如果本身具有追求成長的動機，即使待在舒適圈之中仍然會有成功的機會；但如果本身缺乏追求進步的動機，一旦跳脫舒適圈之後恐怕會因適應不良而產生更多的失誤。

　　也就是說不論從工作或人生規劃上來看，雖然維持現狀可能是一種認知偏誤。但是只要能夠拋開成見，理性地評估改變或維持現狀的方案，便能夠做出相對理性的決定。人生就是一連串選擇的過程，也沒有絕對的對錯。忠於自我便是對人生最好的決定！

IKEA 效應

(The IKEA Effect)

IKEA 效應（IKEA Effect）：IKEA 效應是一種典型的認知偏誤（cognitive bias），它是 2011 年由美國哈佛大學商學院的麥克·諾頓（Michael I. Norton）教授、耶魯大學的丹尼爾·莫瓊（Daniel Mochon）教授，與現任職於美國杜克大學高等後見之明中心的丹·艾瑞里（Dan Ariely）教授發現。IKEA 是一家來自瑞典的家具製造廠商與跨國零售業者，所生產的家具大多需要顧客買回家後自行組裝完成，以節省大型家具的包裝與運輸成本。IKEA 效應主張，人們投入的心力和時間會影響任務產出的績效，並進一步地左右人們對自己任務產出的評價。簡單地說，在任務中投入大量的心力和時間，容易讓自己對任務的成果產出形成較多不切實際的盲目推崇。也就是說，由於我們通常對自己花費的心血會賦予過高的評價，因此導致我們傾向於誤認或幻想他人也必定會對我們的心血結晶予以高度肯定與讚賞。

　　在韓劇《羅曼史附錄別冊》完結篇中，有一幕是描寫出版社編輯徐智律和和女主角宋丹伊極力想向出版社社長和主編推薦自己所精心挑選與編輯的書《植物的內心》能夠早日出版，並爭取較多的行銷預算。她們覺得自己投注了很多心力在編輯這本書上，而且覺得這本書的內容很棒、很值得儘快出版發行，但卻並沒有得到眾多主管的認可，因此覺得有點忿忿不平，覺得為什麼這些高層主管們不懂得欣賞這本好書？

　　這就是典型的「IKEA 效應」。「IKEA 效應」主要談的是一種人類的主觀認知偏誤，對於那些自身投入許多心力的標的物都會投入過多的情感，而不論標的物的本質是否真的出類拔萃。

　　目前的社會單身貴族愈來愈多，許多保持不婚主義者常常飼養毛小孩來陪伴自己度過孤單的生活。我常常看到有些人在前往商店購物的時候，往往一手將毛小孩抱在手上，完全無視於商店的玻璃門上有「禁止攜帶寵物入內」的標示。有一次我前往住家附近的自助餐店用餐，看到前方的客人左手抱著蠢蠢欲動的毛小孩，右手在眾多琳瑯滿目的菜餚前選擇菜色。其實此時我就很擔心是否會影響到菜色的衛生？結帳完畢之後我有向老闆反應這種狀況，但是老闆也只是兩手一攤說：「客人就

硬要帶寵物進來,我也沒辦法呀!」我只笑了一下,從此這家自助餐店被我列入黑名單,再也不曾上門消費。

　　我完全能明瞭,飼主對於自己飼養的寵物,想必在牠身上花了很多心血,例如送到寵物店去梳洗打扮、定期送往獸醫診所做定期健康檢查等等,這原本是人情之常且無可厚非之事。但是若要求不認識的陌生人也對你的寵物抱持同樣的情感與容忍度,此種心態似乎已經向自私跨進了一大步!

　　「IKEA 效應」與我們另外一篇談論到的「稟賦效應」(endowment effect)有所不同,但是基本的核心思想都與「敝帚自珍」的思維有關。「IKEA 效應」指的是對自己投入許多心血的標的物產生過多非理性的正面主觀態度,而無視於客觀的評價,並因此期待他人也產生同樣的偏愛;「稟賦效應」談的是對於本身傾向於對目前擁有的事物產生情感而比較不願意割捨。這兩種效應在對目前擁有事物上給予高度肯定的觀念非常類似,但是「IKEA 效應」要求他人也給予相同肯定,此點「稟賦效應」並未提及。

　　有一次我應邀擔任某場設計作品行銷大賽的評審(我的另一項研究領域是消費心理學),印象中有一件看似木質幼兒椅

的商品頗吸引我的注意。然而，吸引我的地方並非該件商品的外型設計得多有創意，或是材質多麼特殊，而是定價高昂得令人大吃一驚，遠超過我對該類產品的價格認知範圍。由於比賽的方式是由參賽者逐一做簡報，並對所設計的商品加以說明設計理念與行銷策略作法。當這件幼兒椅的設計者出場作簡報介紹之後，在評審發問的 Q&A 時間，我便提出這樣的問題：

　　「可否麻煩您談一下您對這件商品的市場性看法如何？特別是以您所訂的如此高價位在嬰幼兒用品市場上是否具有競爭力？您打算如何說服消費者掏錢購買這件比同類型商品定價高出許多的幼兒椅？請問這件商品的材質是檜木或其他高單價的材料嗎？」

　　該名設計師充滿自信地回答我：

　　「雖然我這件作品的材質與一般同類型商品沒有太大區別，但是由於在這件商品上我投注了很多心力，設計本身是無價的，不能單純以金錢加以衡量。我相信消費者一定能夠看得到我的努力，一定會喜歡我這件設計作品而願意付出高價購買。」

　　當下我只笑了笑，就沒有再繼續發問。因為這個就是典型的「IKEA 效應」思維──因為我投入很多心力，所以別人應該會喜歡。在現實社會中，如果抱持這種想法的話，往往會事與願違。從消費心理學觀點來看，消費者要的是「我喜不喜歡這件商品」？以及我購買這件商品能夠為我帶來何種心理或實質上的產品利益？

　　如果認知到的產品利益高於所願意付出的價格，那麼再高單價也會願意掏錢購買，也就是經濟學上所稱的「成本效益」法則。至於設計者花了多少心血，恐怕並非大多數消費者能夠體會到，也非他們的主要考量。也就是說，消費者並沒有義務為你的心力買單！

　　在我們的日常生活當中，對於自己所喜歡的東西，或是已經投注很多心力與時間在上面的工作，往往會產生情感依附（emotional attachment），並因此衍生出超乎尋常的偏愛，而且會誤以為別人應該也會和自己一樣對該事物產生高度好感；如果對方並未做出符合預期的回應，便會產生「為何我只能孤芳自賞」的感歎。

　　平心而論，其實在人生的道路上，「IKEA 效應」並非完

全需要加以避免，例如在休閒的生活領域當中，投入在自己有
興趣的事物能夠讓自己的心靈有所寄託，在能力所及的情況下
不必考慮他人的觀點；但是在工作或重要的人生決策當中，多
參考別人的客觀意見，不要自己一頭熱地栽入自以為是正確方
向的領域，方能避免「IKEA 效應」所帶來的迷思。「自我感
覺良好」恐怕是一則你我都不歡迎的人生標籤吧！

Chapter

10

推敲可能性模式
（The Elaboration Likelihood Model, ELM）

推敲可能性模式（Elaboration Likelihood Model, ELM）：
此模式是由美國俄亥俄州立大學（Ohio State University）
心理系的理查·佩帝（Richard E. Petty）教授與美國芝加
哥大學（University of Chicago）心理系的約翰·卡奇歐珀
（John Cacioppo）教授於 1980 年所提出，主要在探討人
類的大腦如何處理外來的訊息刺激，以及如何影響後續
的態度形成。「推敲可能性模式」主張，訊息是否能成
功地說服對方或至少引起對方的態度改變，主要取決於
訊息接收者是採取「中央路徑」（central route）或是「邊
陲路徑」（peripheral route）來處理這些外界的訊息刺激。
「中央路徑」與「邊陲路徑」並不是一種生理上的有機
體，而只是一種思路的處理方式而已。基本上，人們通
常會不經意地以下意識的方式對外界的訊息刺激予以初
步篩選，以決定後續的處理要採取「中央路徑」或是「邊
陲路徑」。

　　其實簡單來說，推敲可能性模式是指，在理性的前提下，由於每個人的對處理事物的「動機」以及解決問題的「能力」具有先天的差異，人們在接收到訊息刺激的時候，如果本身感覺到這些訊息對他而言具有重要性，值得多花費認知資源去加以仔細地分析過濾，此時便會選擇「中央路徑」；然而，如果人們覺得這些訊息對他而言並不重要，不值得花費太多的心力與時間去處理，此時便會選擇「邊陲路徑」。

　　不知道各位有沒有注意到一點，推敲可能性模式發生的前提，便是在探討人們處於「理性」的狀態之下會如何作出思考路徑的選擇。為什麼要強調是在理性的條件之下呢？因為世界上絕大多數只有兩種人：不理性與非常不理性。完全理性的人並非不存在，但恐怕只是稀有動物而已。

　　我常常在電視上看到一些類似的新聞。許多熱戀中的情侶，特別是男方，常常會以出其不意的方式進行求婚。印象中有一次新聞報導有位空姐從高雄小港機場執行空服任務完畢準備下班回家，結果當她步出海關之後，接機大廳上早已站滿室內樂團的團員，當她一現身，便開始演奏起浪漫悠揚的古典音樂樂章，此時男方手捧百朵紅玫瑰並深情款款地向前下跪求婚，再加上諸多親友在旁邊吆喝助陣「嫁給他！嫁給他！」深受感動的女方熱淚

盈眶地猛點頭，這場精心策劃的求婚活動於是畫上完美的句點。

　　試著想像另一個場景：有一對情侶進入電影院觀賞電影，當電影帷幕拉開之際，大銀幕上赫然出現下列一句話：

　　「XXX，………（情話），我愛你，請嫁給我吧！」

　　此時電影院原本昏暗的室內霎那間燈光全亮，並播放一首首浪漫的音樂。而電影院中其他的觀眾也跟著紛紛起立鼓掌，這些人竟然全部都是男方邀請來助陣的親友。在大家的起鬨之下，深受感動而熱淚盈眶的準新娘也只能害羞地說出「我願意」三個字………

　　我們就以上面求婚的兩個例子來看。婚姻大事對一個人而言，應該是屬於極為重要，而且需經過審慎思考之後所做的決定，也就是應該選擇「推敲可能性模式」中的「中央路徑」，而非因為受到一時感動所引發未經深思熟慮的「邊陲路徑」。

　　如果只是單純的因為受到感動而未經考慮、輕率答應對方的求婚，恐怕會對日後的婚姻生活埋下個性不合的導火線。台灣目前的離婚率高達千分之二左右，在亞洲地區名列前茅，也許不少人輕率地在婚姻大事上選擇不經深思熟慮的「邊陲路徑」，也

是其中一個重要的原因吧！有人開玩笑說，「婚」這個字就是女性在頭昏的狀況下所做的決定，如果當真如此，所謂的頭昏便是指所做的決定是因一時感動或衝動而選擇「邊陲路徑」。你當初在考量終身大事時，是走「中央路徑」還是「邊陲路徑」呢？

　　其實「推敲可能性模式」比較常用的場合是在用於說服他人。所謂的說服即是希望他人做出認知（cognition）、情感（affect）與行為（behavior）的改變，也就是心理學上所謂的三位一元論。透過情感、認知與行為的改變，來達成說服的效果。

　　在日常生活中，你我都可能面臨需要去說服別人或是被別人說服的場合。無論是你希望老闆給你升職加薪、求婚，或是周年慶時廠商使出渾身解數、各式各樣令人眼花撩亂的行銷攻勢試圖打動消費者的心，都是屬於說服的一種形式。那麼要如何運用「推敲可能性模式」來說服他人呢？如果你打算提出的內容，可能對於對方而言極具重要性，那麼訊息內容的走向就必須十分具體可行，以便對方採取中央路徑仔細地進行分析，以達到說服效果。但若訊息的內容對於對方並不是那麼重要，那麼不妨採取一些花俏的手法，來吸引對方採取邊陲路徑，以成功地說服對方。

　　台灣幾乎每兩年就有一次大型選舉，每逢選舉之際，各個

政黨、各個候選人無不使出渾身解數，拜託選民們能夠惠賜神聖的一票。但是試問有多少民眾在投票之前會詳細地把自己選區裡的候選人的政見全部消化一遍，然後才決定要投哪一位候選人？

我不敢說沒有這種選民，但我猜測此種選民應該不到所有選民人口數的 1% 吧？也就是說絕大多數的選民在投票之際，幾乎都不願意花太多的時間精力，而是採用「邊陲路徑」來決定把票投給哪一位候選人。因此，各個候選人均絞盡腦汁地試圖想出一句響亮的口號來代表自己的政治理念。以「推敲可能性模式」的觀點來看，這些候選人便是運用「邊陲路徑」中的正面線索來試圖說服選民，讓選民對他產生正面態度，最終對他投下寶貴的一票。

由於人們的認知資源有限，不可能事事都經過仔細推敲之後才決定該如何做。因此學會判斷哪些事情重要，哪些事情相對不重要，便變成了許多人必須練習的課題。

也許你會有些疑問：某件事情對我很重要，但是未必對別人也很重要，那這個時候該如何選擇呢？我的建議是：如果你的選擇不會影響到別人的話，那就 follow your mind（遵循你的內心）吧！但請記得要為自己的選擇負責。唯有勇於對自己的人生負責，才能成就更加成熟的靈魂！

Chapter

11

適應性效應

(The Adaptation Effect)

適應性效應（Adaptation Effect）：適應性指的是人們對外界環境的刺激反應逐漸減弱（甚至麻痺）的現象，也就是說「適應性效應」主張，人們常常低估了自己的適應能力，因此會高估某些事物在經歷一段時間之後對自己的影響。舉例來說，一般人總是會覺得遇到好事情會讓自己快樂非常久，但事實上恐怕並非如此。例如人們覺得升官、加薪、住豪宅，都會讓人們感到非常興奮，而且會興奮非常久。事實上，沒過多久人們很快就產生適應性了。這種錯覺很容易影響人們做出後續不當的決定。從經濟學的觀點來看，適應性效應屬於一種「邊際效應遞減」（diminishing marginal utility）的現象。從日常生活層面而言，有人主張外在條件帶來的物質效用性愉悅（utilitarian pleasure）容易消蝕，但是精神層面的滿足似乎較能避免「適應性效應」，而可以持續較為久遠。

每個人都有自己的夢想，一旦夢想成真，想當然爾一定會十分高興。古人也說人生有四大樂事：久旱逢甘霖、他鄉遇故知、洞房花燭夜、金榜題名時。人生在世若能在有生之年逐一實現這些願望，夫復何求？

然而事實真的如此嗎？猶記得當年剛通過博士學位口試正式取得博士學位之時，曾經連續兩天高興得睡不著覺，就算是作夢也充滿著笑容，腦中幻想著不外乎是未來的人生想必可以一帆風順。然而隨著時間的推移，日子在周而復始的教學、研究、行政中度過，當年的愉悅早已消失於無形。隨之而來的是無窮無盡的學術研究工作，與每位新進教師都必須面臨的升等壓力……。

難道是教學研究工作並非是我內心嚮往的職業嗎？答案顯然是否定的。之所以會產生這種內心愉悅感逐漸流失的原因，除了上述的各種壓力之外，主要就是因為「適應性效應」從中發揮了作用。請各位回顧一下，自己當年初入職場之時，是否對工作都懷抱著雄心壯志與勇往直前的熱情？然而，經過了漫長的歲月洗禮，恐怕只有極少數人能夠持續這份熱情。「為了工作而工作」，應該是當今社會上班族的一個普遍現象。

一位朋友告訴我，他在經過多年的積蓄之後，終於存夠了頭期款的費用，並且如願以償地找到他心目中理想的房子。在裝潢的階段，他也花費了許多心力與設計師溝通，腦中充滿著美好的憧憬，想像著未來交屋之後自己能夠住進一間屬於自己嚮往已久的新居。剛搬進去之後的前三個月，他不時地邀請親朋好友前來參觀這個他引以為傲的新家。然而，大約過了半年之後，他告訴我，他對這個新家的興奮之情似乎已經不若既往。

此外，你是否有如下類似的經歷？剛剛買了一輛新車，在交車後的前三個月，你每週都定期地為新車洗車、打蠟、清潔車內，始終讓愛車保持著煥然一新的樣貌，並且對此感到樂此不疲。但過了一年之後，你也許久久才會為這部車齡僅一歲的新車清潔打蠟一次。

「適應性效應」不只發生在對有形事物的愉悅感遞減，也可能發生在無形的情感之上。在本書其他的章節中已經分析過當代婚姻殺手的種種可能成因。許多人當年都是經過愛情長跑或是愛得轟轟烈烈，最後歷經千辛萬苦、克服重重阻難才終於得以步入結婚禮堂、修成正果，這份情感著實得來不易。

　　我們暫且拋開外遇、財務、雙方原生家庭等外在因素的干擾，許多夫妻相處久了之後感情會逐漸變淡，甚至沒有共同的語言、沒有共同的話題、沒有共同的興趣，最終的溝通話題僅限於生活瑣事與子女教育等。除了夫妻雙方因為共同生活久了之後，互相習慣而產生心理學上所謂的「慣性」（inertia）之外，「適應性效應」也扮演了極為關鍵的角色。

　　那麼我們應該如何避免墮入「適應性效應」的陷阱呢？如果從婚姻家庭的層面來看，無論是愛情或是婚姻都需要雙方共同努力地灌溉與經營。請記得，「幸福永遠不會憑空而降！」所有不幸的婚姻一定是雙方都必須承擔責任，差別只在於所負責任的多寡而已。那麼要如何在婚姻當中避免「適應性效應」而導致平淡呢？

　　首先，也許有人認為平淡也沒有什麼不好，反而憧憬著平淡的婚姻生活。這句話似乎也沒有錯，每個人當然都有選擇自己婚姻生活以及夫妻雙方如何相處的權利。此處所謂的平淡是指雙方雖然共處一個屋簷之下，然而由於缺乏對彼此的了解與心靈契合，久而久之很有可能會因為外界一個小小的導火線而造成婚姻失和，終致走上勞燕分飛的結局。

　　然而要如何維繫婚姻不至於走上平淡一途呢？心理學家曾提出以下三點建議：

　　一、適時地稱讚：譬如「你今天氣色很好」、「你這件衣服／這個髮型讓你看起來年輕了 10 歲」……。千萬不要因為自己個性含蓄內斂而對於這些讚美之辭說不出口。夫妻之間應該把彼此視為一體，不妨把稱讚對方當作是稱讚自己，應該不會有人對於肯定自己有所吝惜吧？

　　二、給予正面的回饋：夫妻之間最常發生的問題，便是由於雙方相處久了，對於對方為自己所做的一切事情都視為是理所當然。誠然，夫妻之間不該斤斤計較誰付出得多，誰付出得少。然而，若把對方的心意視為是對方本來就應該盡的義務，而吝於給予正面的回饋，久而久之，單方面維持情份的「義務」，恐也會隨著時間而逐漸消失殆盡。

　　三、培養共同的興趣：即使夫妻雙方目前缺乏共同的興趣，但不妨藉由逐漸參與對方興趣的方式加以培養。倘若假以時日仍然感到興趣缺缺，但也請盡量做到陪伴，也就是陪伴對方從事他／她感興趣的事物。如果在婚姻生活中，你連絲毫的時間都不願意付出來陪伴對方，怎能奢求得到同等的對待？

　　每個人對於如何維繫婚姻可能都有自己的看法，以上所提的只不過是以「適應性效應」的觀點來建議如何避免婚姻走上平淡之路。家庭與婚姻的維繫需要雙方均有心的投入，單方面的一廂情願恐怕並非長久之計！俗語說：「一份耕耘，一分收獲」，美滿的婚姻生活又何嘗不是如此呢？

巴納姆效應

（The Barnum Effect）

巴納姆效應（Barnum Effect）：又稱為佛瑞效應（Forer effect），是由美國明尼蘇達大學（University of Minnesota）的臨床心理學教授保羅・米歐（Paul E. Meehl）於 1956 年發表在《美國心理學家》（*American Psychologists*）期刊上一篇名為〈誠徵：一本好的食譜〉（*Wanted：A good Cookbook*）的文章所提出。巴納姆效應是一種心理現象，人們會對於某些針對自己的人格描述給予高度準確的評價，並且很有信心這些描述確實是為自己量身打造的。但事實上是這些描述往往十分籠統與普遍，以致能夠放諸四海皆準，適用於許多人身上。巴納姆效應對於如占星學、占卜或心理測驗等被普遍接受的現象，提供了十分全面性的解釋。

　　有一位名叫巴納姆的著名魔術師提到，他的表演之所以大受歡迎，是因為他在魔術表演中融入了每個人都共同喜歡的元素，所以他的表演使得每位觀眾都大呼過癮；也就是說，巴納姆的表演讓每位觀眾覺得該魔術是為自己所精心設計出來的橋段，因此每位觀眾都會拍案叫絕。人們常常覺得有些籠統的、放諸四海皆準的人格描述，十分準確地反映出自己當下的情境或性格，此種傾向在心理學上稱之為「巴納姆效應」。

　　心理學家佛瑞（Bertram Forer）於 1948 年對學生進行一項人格測驗，並根據測驗結果來分析該項測驗結果與學生本身特質的契合度，並予以評分，0 分最低，5 分最高。事實上，對於所有個別學生有關針對他的「個人分析」之敘述都是完全相同的：

　　「你渴望受到他人喜愛，然而有時卻對自己要求甚高。」

　　「雖然你先天的人格特質有些未盡完美，但大致而言，仍可靠後天的努力予以彌補。」

　　「你擁有許多潛能，只是欠缺發揮的機會。」

「在你看似堅強、自律的外表下，其實掩飾著一顆不安與憂慮的內心。」

「有些時候，你會深深質疑自己是否做了對的事情或正確的決定。」

「有時你不喜歡一成不變的生活，生活或自由受限時會讓你感到情緒低落。」

「你往往為自己具有獨立思想而感到自豪，並且拒絕接受沒有充分證據的言論。」

「你認為對他人過度坦率並非明智之舉。」

「有些時候你外向、親和、善於交際，但有些時候你卻內向、謹慎而沉默。」

「你的某些抱負似乎是不切實際的。」

該項實驗的結果平均分數為 4.26，也就是說，在滿分為五分的情況下，受試者覺得這些敘述是為他們所量身打造的同意

程度高達 4.26 分。諷刺的是，在分數公布之後才揭曉，佛瑞是從星座與人格關係的描述中隨機選出這些內容，而這些敘述幾乎是適用於任何人。

　　華人對算命似乎特別情有獨鍾，不管是手相、面相、易經占卜、紫微斗數等，各有其忠實的擁護者。然而西方人對此似乎也不遑多讓，占星術、塔羅牌、血型、星座等不一而足。為何人們這麼喜歡算命呢，探究其原因，主要是因為人們對於不可知的未來，通常具有某種程度的疑惑與存在著不確定感，希望透過預先知道未來的答案而能事先準備或是趨吉避凶。

　　新冠肺炎疫情已經肆虐全球超過兩年，世界各國的流行病學專家對於疫情何時能夠終止，始終抱持著不同的見解。此時各類星座專家和預言家紛紛發表自己的看法，其中又以印度神童阿南德（Abhigya Anand）的預言最受到大家的重視。姑且不論這些星座專家或預言家的預測是否正確，其實這些預言不外乎是以「亂槍打鳥，總有一兩發會命中目標」，或是以「巴納姆效應」的觀點來看，這些預言不過是以籠統性的說法來對世事加以預測。

　　以科學的角度來看，算命對於未來結果的推論，主要是以

統計學為基礎，無論是以何種算命的形式進行，不外乎根據前人所留下來的記載當作推論的根據。然而每個人的命運真的可以預先得知嗎？

　　姑且不論是否可藉由算命提前得知未來將發生什麼事，即便真的可以，但既然這是注定的命運，你只不過是提前知道罷了，理應無法加以改變，否則豈不是每個人都可以改變自己的命運？那麼命運就不能算是已經注定了。既然無法加以改變，那麼提前知道未來命運又有何意義呢？如果未來的命運多舛，算命不是反而讓自己提前多一份憂慮嗎？「天下本無事，庸人自擾之」，這與是否相信算命無關，而是邏輯問題。

　　事實上，算命之所以在現代社會中如此的風行，主要是與現代人生活步調緊湊，容易產生心靈空虛的現象有關。也有人說算命之所以會如此具吸引力，主要和人們對神秘力量之好奇、次文化之認同，以及試圖紓解生活壓力有密不可分之關係。有句話說得好，「算命就像是人們給自己貼上一個標籤」，就如同每個人都有身分證，知道自己是誰一樣。

　　人生在世一定會遇到一些高低起伏的際遇，倘若一旦遇到不順利的事情，便兩手一攤把責任推給命運，此舉不啻是一種

不負責任的心態，更是一種對自己不負責任的行為。人生遇到挑戰，不應該一味地坐困愁城，或是歸咎於命中注定，而是應該想辦法找出解決的方式。

　　許多人都相信性格與命運是命中注定無法改變的，然而學術界對此尚未有一致性的定論。美國心理學家班傑明・哈迪（Benjamin Hardy）在他的新書《我的性格我決定》（*Personality Isn't Permanent*）中提到性格的五大迷思。第一是性格可歸類為不同種類；第二是性格是與生俱來不會改變的；第三是性格來自你的過去；第四是我們每個人都必須認識自己的性格；第五是性格能反應每個人真實的自我。既然是迷思，可見許多人對性格均存有誤解而不自知。

　　美國社會心理學家朱利安・羅特（Julian B. Rotter）在他1954年所出版的《社會學習與臨床心理學》（*Social Learning and Clinical Psychology*）書中，提出了「內外控傾向」（locus of control）的觀點。此一觀點敘述了人們相信自己能夠控制影響他們生活的情境和經驗的能力有多強。抱持內控觀點的人們相信只有自己才能掌控自己的生活與未來，也就是命運掌握在自己的手中；但抱持外控觀點的人則主張，自己的未來一定會受到外在環境因素，或是機會、命運的影響，也就是命運天注

定。這兩派對於命運截然不同的觀點，至今各有堅貞不移的信奉者。

　　對我而言，我一直深信，決定自己命運的是每個人的使命感與對目標的自我期許，而非星座、血型或是性格，更別說是他人的預言。一味地活在別人似是而非的預言中，只會讓自己的生命更缺乏探索的勇氣。與其相信與生俱來的性格與命中注定的命運，還不如勇於跳脫自以為的性格框架，開創屬於真正的自我。

　　你是否覺得情歌中「別人淒美的愛情故事，彷彿都是自己的寫照」？如果你的答案是 YES，那麼肯定是「巴納姆效應」在作祟。算命等一切有關於預知命運的說法，不妨就當作茶餘飯後的話題即可。唯有拋開盲目的性格與命運迷思，才能真正地面對自己！

框架效應
（The Framing Effect）

框架效應（Framing Effect）：1981 年由以色列認知心理學家阿摩斯·特弗斯基（Amos Tversky）與以色列裔美國心理學家、2002 年諾貝爾經濟學獎得主丹尼爾·卡尼曼（Daniel Kahneman）提出。訊息框架的定義為透過使用正面與負面屬性標籤，或產品、問題或行為的「獲得」與「損失」來呈現訊息。根據展望理論，框架是指訊息接收者使用與決策相關的訊息來比較評估產品或服務。解釋框架效應的基本原理認為，當要求人們做出決定的訊息以具有正面意涵的「獲得」（gain）表示時，個人傾向於風險趨避，而當要求人們做出決定的訊息是以具負面意涵的「損失」（loss）來表示時，則一般人便傾向於選擇冒險。此外，框架效應指出人們通常厭惡損失；也就是說，以相同程度的「獲得」與「損失」來比較，一般人會覺得「損失」的影響力比「獲得」的影響力更大。

阿摩斯・特弗斯基（Amos Tversky）與丹尼爾・卡尼曼（Daniel Kahneman）兩位知名的心理學家，把展望理論視為是預期效益理論（expected utility theory）的延伸。展望理論主張，理性的決策者會計算不同方案的預期效益，並選擇能夠把預期效益予以極大化的方案。

在特弗斯基和卡尼曼有關「框架效應」的研究中，是以一項研究罕見傳染病為主題，預計該疾病將會導致 600 人死亡，目前醫學專家們找出兩種方案（A 和 B）可用於對抗該疾病，但由於從前並無相關研究可供推測現有兩種方案的治療效果，根據經驗法則推算的結果如下：

如果採用 A 方案，200 人將可救活。

如果採用 B 方案，1/3 的機率會有 600 人可救活，但有 2/3 的機率將全數死亡。

研究結果顯示，有 72% 的受訪者選擇 A 方案，只有 28% 受訪者選擇 B 方案。以框架效應來分析，在以「救活」為主要敘述前提的情境下，受訪者傾向於將焦點放在「200 人將可救活」vs.「1/3 的機率會有 600 人可救活」。換句話說，「200 人

將可救活」會被視為是「獲得」的選項，而「1/3 的機率會有600 人可救活」則被視為「風險」的選項（因只有 1/3 的機率）。根據展望理論的說法，當有機會以「獲得」作為選項之時，人們比較傾向於規避風險。因此，大多數受訪者選擇 A 方案，符合展望理論的預期。

同樣的情境，但將解決方案改為 C 和 D：

如果採用 C 方案，400 人將死亡。

如果採用 D 方案，有 1/3 的機率全數救活，但 2/3 的機率有 600 人將會死亡。

研究結果顯示，只有 22% 的受訪者選擇 C 方案，但有78% 受訪者選擇 D 方案。參照前述的觀點予以分析，在以「死亡」（損失）為主要敘述前提的情境下，受訪者傾向於將焦點放在「400 人將死亡」vs.「但 2/3 的機率有 600 人將會死亡」。在有一線生機的情境下（仍有 1/3 的機率將全數救活），自然會成為偏愛的選項。

簡單地說，「框架效應」的意義是，面對同一個問題，在

使用不同的描述方式後，人們會選擇乍聽之下較有利或易接受的描述作為選擇方案。當以「獲得」（gain）的方式提問時，人們傾向於避免風險；當以「損失」（loss）的方式提問時，人們則傾向於追求風險。「框架效應」在溝通上的關鍵點是：內容是什麼遠不及如何陳述來得重要。

讓我們舉個例子，當你去超市選購豬肉之時，A 包裝顯示該份豬肉為 20% 肥肉，B 包裝顯示該份豬肉為 80% 瘦肉，兩份豬肉的品質、價格、包裝均無二致，此時你比較傾向於購買哪份豬肉？如果你的答案是 80% 瘦肉的豬肉，恭喜你已經落入「框架效應」的陷阱。因為 20% 肥肉和 80% 瘦肉的涵義並無不同，只是呈現方式有所差異。那麼為何你會選擇 80% 瘦肉呢？也許只是因為一般人對於肥肉較具反感，因而直覺上對於 20% 肥肉的呈現方式較為排斥。

「框架效應」除了可以用上述的「正面框架」和「負面框架」等的方式來呈現備選方案之外，也可以用「得失」的方式予以呈現。例如採取某些行動可獲得哪些好處 vs 不採取某些行動將會無法獲得哪些好處。

例如，保健品公司的廣告常常會有類似的廣告文案：「經

常補充富含 Omega-3 多元不飽和脂肪酸的深海魚油，可以協助你清除體內的脂肪，遠離心臟血管的疾病」，這便是以正面框架方式來呈現的廣告訊息。相反地，如果廣告文案的呈現方式是：「如果未能適時地補充富含 Omega-3 多元不飽和脂肪酸的深海魚油，你體內的脂肪將不易清除，心臟血管疾病隨之將可能大幅提高」。無論是採取哪些方式呈現，「框架效應」最弔詭之處，便是相同的事物以不同的敘述方式來呈現，將使得訊息接收者產生不同的觀感與態度。

　　心理學家也主張訊息的敘述方式會影響人們如何處理訊息，也就是用捷思法（heuristics）或系統法（systematics）來處理訊息，因而常常會導致人們做出不一樣的選擇。由於「框架效應」本身是屬於一種認知偏誤，所以要避免「框架效應」影響本身決策，最重要的一點便是盡可能使用系統性的方式來分析訊息。顧名思義，捷思法就是人們運用極少的認知資源或是以直覺的方式來處理訊息；而系統法則是運用較多的認知資源，並經過仔細地分析，透過審慎思考的過程來處理外界的訊息刺激。

　　我們在生活中應如何避免受到「框架效應」的左右呢？基本上，我們可以把框架視為是一種誘導心智如何處理訊息的

陷阱，也可說是影響我們如何看待世界的關鍵。有一句話說：
「心有多大，世界就有多大」。「框架效應」帶給我們的影響
也是如此。

　　當面對外界雜沓紛擾的訊息時，唯有將自己的內心淨空，
讓自己處於一種清淨澄明的中立狀態，就不易被「框架效應」
所干擾而踏入外界的認知偏誤陷阱。同時也唯有避免「框架效
應」介入我們的思考模式，才能讓我們脫下有色的眼鏡來看這
個美麗的世界！

灰姑娘效應

（The Underdog Effect）

灰姑娘效應（Underdog Effect）：Underdog 這個名詞起源於 19 世紀歐洲皇室貴族的鬥狗活動。在鬥狗的過程當中，兩隻狗互相攻擊閃躲，被壓制在下方的狗就被稱為「underdog」，而成功壓制對方的狗就被稱為「top dog」。雖然這個名詞一開始是見諸於美國的新聞報導，但事實上第一次有文字記錄 underdog 卻是在英國的報紙當中。underdog 這個名詞當初經常被用在政治選舉的領域當中，它的含義是當一個政黨或某一位候選人占上風而且看來似乎勝券在握的時候，一般民眾反而會傾向於支持那些暫時落居下風的政黨或候選人。此種 underdog 效應與傳統的「花車效應」（bandwagon effect）恰巧相反，而可能與一般大眾傾向同情弱者的心態有關。因此，underdog 效應不妨稱之為「灰姑娘效應」。

　　安徒生的童話故事《灰姑娘》（Cinderella），其中的情節想必大家都十分熟悉。從字面上來看，「灰姑娘效應」是指某人（或組織）一開始的時候歷經了千辛萬苦，在外在條件均為不利的情況之下，憑藉自己的努力奮鬥，最後獲得成功的發展歷程。

　　在過去的幾十年裡，有關灰姑娘效應的故事廣泛地出現在音樂、體育和電影中。

　　例如，在《英國達人秀》（*Britain's Got Talent*）電視節目擔任評審的皮爾斯・摩根（Piers Morgan），當年他在《英國達人秀》中談到蘇珊・波爾（Susan Boyle）時說：「毫無疑問，這是我三年來在節目中遇到的最大驚喜。當你帶著大言不慚的笑容站在那裡說『我想成為像伊蓮・佩姬（Elaine Paige，英國著名音樂劇演員與歌手）一樣』時，每個人都在嘲笑你，現在沒有人敢笑你了。那真是一個令人驚豔，令人難以置信的演出……」

　　該節目的另一位評審阿曼達・霍爾登（Amanda Holden）也評論道，「我非常激動，因為我知道原本每個人都瞧不起你。老實說，我認為我們一開始都非常對你沒信心，但你的表

現無異於給我們一記當頭棒喝！」

　　類似的故事也發生在羅琳（J. K. Rowling，《哈利波特》的作者）和林書豪（所謂的 Linsanity 林書豪旋風）身上找到。為什麼灰姑娘的故事如此鼓舞人心？背後可能的原因是，當大家看到自己生活中的不如意同樣反映在他人身上時，往往會產生「於我心有戚戚焉」的感受，並因此形成正面的反應。

　　就常理來看，人們通常更願意將自己與人生贏家產生連結，也就是易於產生「有為者亦若是」的心態，而較不願意自己與輸家有任何瓜葛，這意味著背負著「灰姑娘」標籤的人事物可能會受到排擠，甚至得到較為不利的評價。然而，事實上真的如此嗎？

　　根據合理的推測，這世界上絕大多數的人應該都不是含著金湯匙出生的吧？能夠出生在富貴家庭而不必自己努力奮鬥的人，相對來說應該算是極少數。因此，一般人對憑藉自己努力奮鬥最後獲得成功的人，通常會賦予正面的肯定評價。其中的可能原因除了與生俱來同情弱者的同情心之外，可能也因為他們的事蹟反映了一般人內心深處的渴望──盼望有朝一日，自己也能如同「灰姑娘效應」中的主人翁一般地功成名就。因此

現代社會中的灰姑娘會受到比較多的正面肯定，此種現象似乎就不足為奇了。

根據我近年來研究灰姑娘效應的心得來看，灰姑娘效應的重心，似乎應該是在灰姑娘最後是否獲得成功，而並非當初所歷經的千苦萬難。人們對灰姑娘效應特別有心靈感受，除了同情弱者的心態之外，最後的成功也許才是臨門一腳的關鍵。

如果這些「灰姑娘」們最後未能達到成功，那麼大家對於他／她的正面觀感是否也就沒那麼高了？請大家試著回想一下，如果發生了天災人禍的事件，你打算捐款幫助那些受災戶，你會選擇一般名不見經傳的小型慈善團體（彷彿尚未成功翻身的灰姑娘），還是會選擇歷經一沙一塔逐步成長，才有今日規模的大型知名慈善團體（像是已然蛻變成功的灰姑娘）？

根據主計處的資料顯示，台灣政府 2021 年的社福預算高達 5,594 億元，創下歷史新高，占當年度歲出 2.16 兆元的 25.9%，相較於 2020 年成長了 6.9%，這筆社福預算金額乍看之下十分龐大，而事實上有相當高的比例是用於社會保險的補助，而真正用於補助弱勢、急難救助的金額仍是十分拮据；因此各慈善團體也無不希望社會大眾能夠共襄盛舉，慷慨解囊來

協助那些真正需要幫助的弱勢族群。

　　以我自己較常接觸的某一宗教慈善團體為例，當初參與的動機，倒並非著眼於該團體是否屬於「灰姑娘效應」下的產物，而是出自於對其理念的認同。有些人偏好做慈善捐獻給大型的慈善機構，而非小型慈善機構，主要的原因是覺得大型慈善團體比較具有制度，不易有帳目不清的問題產生，也就是自己的慈善捐款不會遭到濫用。其實不論是慈善捐獻給大型慈善團體或是小型慈善團體，只要願意協助那些需要幫助的人，常保一顆慈善的心，這種行為都值得加以鼓勵！

　　除了慈善團體之外，許多表演藝術團體也是「灰姑娘效應」的極佳範例。十多年前，有一次我邀請一位目前頗具全國知名度，且發展地頗為蓬勃的劇團團長前來我所任教的學校演講，當時該劇團仍處於發展階段，所有經費開支都十分拮据，當我打電話提出邀請之時曾說到：

　　「不好意思！由於學校的經費限制，所以請您來演講的費用可能只有區區的數千元，請您不要見怪。」

　　這位劇團團長與我素昧平生，當時他說了一句讓我至今印

象仍十分深刻的話：

「非常榮幸有機會能前往貴校演講，我並不在乎演講費的多寡，如果我真的那麼在乎金錢的話，我就不會從事表演藝術這個行業了。」

雖然事隔多年，他的這番話至今仍深深地烙印在我的腦海當中。一個人能夠堅持自己的興趣與夢想，就著實令人感到敬佩。就我印象所及，政府的文化部門對於表演藝術團體也有經費補助，然而這些經費也似乎只是杯水車薪而已。對於那些較為大型的表演藝術團體，除了政府的經費補助之外，也有機會獲得一些企業團體或財團等的資助，至於那些較小型或是知名度較低的表演藝術團體，在還沒蛻變成灰姑娘之前，可能就必須自食其力謀求生存之道了。

從上面的例子來看，不論是慈善團體或是表演藝術團體，在他們身上所發生的「灰姑娘效應」，很有可能會影響到普羅大眾對他們的支持度。而要讓「灰姑娘效應」發揮到極致，其中很重要的關鍵點，便是最後是否成功蛻變成灰姑娘。

對於一般大眾而言，除了支持那些目前已具規模的團體之

外，對於那些正在「灰姑娘效應」的路上努力奮鬥的團體，也
請不吝於多給予掌聲與鼓勵。讓我們的社會不是只有錦上添花
的「灰姑娘效應」，對那些正在成長茁壯的「準灰姑娘」們，
也能夠讓他們感受到他們並不孤單，這個社會上還是有一群人
在默默地支持他們的。

Chapter

15

比例偏誤

（Proportion Bias）

比例偏誤（Proportion Bias）:「比例偏誤」是屬於一種認知偏誤，與「框架效應」有異曲同工之妙，其概念源於我們在處理明確數字上，比起相對需要計算的比例或百分比較為容易。例如，當被要求評估兩個以年度計費的串流影音服務方案（例如，方案 A 為每週可下載觀賞 7 部新電影，和方案 B 每年可下載觀賞 364 部新電影）時，在此條件下，人們似乎傾向更喜歡方案 B。這是因為我們的感官認知系統與絕對理性系統處理資訊的方式不同，感官認知系統會將資訊具體地加以編碼，對於明確數字會比對比例或百分比數字產生更具體的詮釋。基本上，由於人們每天接觸的訊息均處於資訊超載的狀態，因此多數人會運用「捷思法」（heuristics）來處理資訊，直接了當的明確數字比需要計算的比例數字更接近「捷思法」的原則，因此比較容易獲得青睞，但「比例偏誤」也隨之形成。

　　百貨公司的週年慶常常會標榜「滿千送百」或是「滿萬送千」，乍看之下似乎並無不同，回饋的比例都是 10%。但是事實上，兩者的門檻卻是天差地遠，相距高達十倍之多：「滿千送百」是消費金額只需到達一千元即可享受回饋，但是「滿萬送千」卻是消費要高達一萬元才能享有回饋。然而，由於一般人對於日常生活中的訊息刺激，大多採取所需認知資源較少的捷思法加以處理，因此常常誤入語意的表面陷阱而不自知。

　　我們再來看另外一個例子：今天你想買一支手錶，在 A 商店看到這支手錶的售價是 4,000 元，當你正要掏錢付帳的時候，你的朋友打電話告訴你，在 B 商店看到同一款手錶只需要 3,600 元，但是從 A 商店到 B 商店的車程有 10 分鐘。此時你會怎麼做呢？此時你是否願意多花十分鐘的車程去購買價格便宜 400 元的同款手錶？

　　我們再來看另一個類似的例子：今天你打算購買一支 iPhone，你在某一蘋果正式授權經銷商 C 商店的店內看到的售價是 40,000 元，當你正要付錢購買之時，你的朋友打電話告訴你，同款且相同規格的 iPhone 在某大知名電信通路 D 商店只需要 39,600 元，但是從你目前所在的 C 商店到 D 商店需要 10 分鐘的車程。此時你會多花 10 分鐘去買價格便宜 400 元的同款 iPhone 嗎？

以上述的兩個例子來作比較，你覺得在哪一種情況之下，你會比較願意多花 10 分鐘的車程去買售價便宜 400 元的商品呢？

以我自己做的研究結果顯示，在第一種情境（手錶）之下，一般人比較願意多花 10 分鐘的車程去買便宜 400 元的手錶；但是在第二種情境（iPhone）之下，一般人卻比較不願意多花 10 分鐘的車程去買便宜 400 元的 iPhone。道理何在？

一般人的想法如下：在第一種情境（手錶）之下，多花 10 分鐘車程的時間可省下的金錢比例是：400/4000=0.1。從經濟學的觀點來，這 10 分鐘車程的時間可以獲得原價九折的優惠，也就是 10% 的經濟效益。但是在第二種情境（iPhone）之下，多花 10 分鐘車程的時間可以省下的金錢比例是：400/40000=0.01，相當於僅有 1% 的經濟效益。

這就是典型的「比例偏誤」迷思！多花了 10 分鐘的時間成本所換取的經濟效益，在兩種情境之下都是 400 元，其意願強度應該並無不同。但是為何人們要考慮原本商品的售價，並且據以計算出效益比例呢？此兩種情境之下所省下的 400 元，在貨幣市場上的價值並無差別，具有完全相同的購買力。因此對於理性的人而言，在這兩種情況之下，願意多花十分鐘車程

的時間成本去購買較便宜商品的意願強度，應該是不分軒輊。

　　「比例偏誤」的例子在日常生活中比比皆是。再想像一下，你最近打算把一台開了 20 年的老車換掉，心目中的理想選擇是一台售價 200 萬元的進口品牌汽車。當你進入該汽車的經銷商後，當一切配備與價格都談妥之後，汽車業務突然問你要不要升級至原價 20 萬的控溫座椅？只需要加價 10 萬元，這時你會怎麼做決定呢？

　　許多人可能會選擇同意加價 10 萬元升級至此種原本 20 萬元的控溫座椅，雖然平日可能不願意花 10 萬元購買客廳的沙發，即使心裡很清楚坐在客廳沙發上的時間遠比在汽車上的時間多。此一決策背後的原因亦與「比例偏誤」脫離不了關係，因為相對於價值 200 萬元的汽車而言，10 萬元只是相當於 5%的金額而已。再者，花 10 萬元便能獲得原價 20 萬元的控溫沙發，相當於以對折的價格購買到此一商品，你的內心感到此種升級實在是太划算了！然而，事實真的如此嗎？

　　人們除了在貨幣價值上的計算容易陷入「比例偏誤」的迷思而不自知外，在人生的過程中又何嘗不是如此？人算不如天算！曹雪芹所著的《紅樓夢》第五回中有這麼一句話：「機關算盡太聰

明，反害了卿卿性命。」後世常用這句話來形容一個人如果太過於斤斤計較，對一切事物都予以精算得失，到頭來反而得不償失。

人生在世，不必太過執著於利益得失，眼前的現實未必能夠保證日後的獲益，特別是在朋友之間的相處。朋友相交，貴乎知心，不必在乎什麼財富地位，身分高低；若是太過在乎朋友之間付出多寡，恐怕無法結交到真正知心的朋友。

我去年九月從國外回來，依照中央疫情指揮中心的規定，必須在防疫旅館隔離 14 天。然而，在這十四天當中，恰逢每年一度的中秋佳節，就在中秋節前夕前幾天，我的朋友們絡繹不絕地將補給品送到我下榻的旅館，有些人甚至於親自送達，就算是只能放在旅館櫃檯無法與我會面，他們仍是千里迢迢不辭辛勞地前來表達慰問之意。對於他們的情誼，我深深地銘感五內。

在與交易有關的經濟行為當中，如何避免「比例偏誤」的一項最重要的原則，就是無視於比例，而將重心放在絕對數字之上。至於朋友之間的相處，則請把「比例偏誤」完全拋諸腦後，過於精算只會讓你身邊留下的只是和你同類型的人士，不能算是真正的朋友。要想讓你的人生之路走得更加順遂，不妨就從避免「比例偏誤」做起！

Chapter

16

「少反而好」效應
(The Less-Is-Better Effect)

「少反而好」效應（Less-Is-Better Effect）：「少反而好」效應主張，當人們針對兩個選項分別單獨作比較的時候，可能會覺得事實上比較差的選項看起來比較好；但是如果把這兩個選項放在一起做選擇的時候，就會覺得看起來比較好的選項確實比較好。讓我們來看一個例子：你的生日快要到了，你的朋友 A 送給你一本價值 $600 的精裝書當作生日禮物，看起來很有價值感，你覺得十分高興；而你另外一個朋友 B 送了你一瓶價值 $700 的紅酒，你反而可能會覺得這個朋友似乎比較小氣。因為對於紅酒而言，$700 只是一件非常便宜的商品；但是對於書籍而言，$600 屬於相當高價。然而，從客觀的角度來看，$700 的價格是比 $600 更高啊！但你為什麼會這麼覺得送 $600 精裝書的朋友比送 $700 紅酒的朋友更大方？這取決於這兩個禮物是被放在一起比較，或者是在各自的商品類別中單獨被評估。

　　美國芝加哥大學行為經濟學奚愷元（Christopher Hsee）教授率先提出「少反而好」效應。奚教授在實驗中讓受訪者想像他們在夏日海灘上，附近有一個賣冰淇淋的小販，第一組受試者被告知這個小販使用 10 盎司的杯子裝一球 8 盎司的冰淇淋，另外一組受試者被告知這位小販使用 5 盎司杯子裝 7 盎司冰淇淋，然後要求這些受試者寫下他們願意花錢買這杯冰淇淋的意願有多高。

　　結果出乎意料地顯示，選擇 7 盎司冰淇淋裝在 5 盎司杯子的受試者的意願，竟然比 8 盎司冰淇淋裝在 10 盎司杯子的受試者更高！也就是說，與沒裝滿容器的冰淇淋相比，人們更願意去買一杯滿到溢出容器的冰淇淋，雖然事實上後者的分量較少。

　　第二個實驗則是告知受試者這兩個小販同時存在，結果顯示這兩組冰淇淋被購買的意願差不多。「少反而好」效應涉及心理學上的偏好逆轉（preference reversal），也就是說當個別選項被單獨呈現的時候，也就是外界的參考點不存在時，人們可能會依照所屬的背景（context）類別加以判斷，有可能會偏好客觀上沒有那麼好的選項；但如果多種個別選項同時存在的時候，便可能形成偏好逆轉的現象。基本上，可以說是此種偏

好逆轉與訊息所處的背景息息相關。

　　除了情境背景的存在與否會造成「少反而好」效應之外，許多其他情境也可能會造成出乎意料且反直覺的偏好逆轉。我們來看一個例子：

　　我有一位在職碩士班的學生在台北市的安和路開設一家餐廳，有一次上完課後他向我求救：

　　「老師，可不可以麻煩幫我分析一下為何我的餐廳生意不好？我餐廳的裝潢、食材、口感、地點，甚至服務品質，以及來用餐過的客人均表示不錯，且價位也屬合理，但生意始終無法進一步地開展，始終維持在不上不下的階段，雖然沒有虧錢，可是似乎也沒賺到錢。可否以消費心理學的角度幫我分析一下？」

　　餐廳的經營我並不熟悉，所以我請他把餐廳的菜單拿給我看一下。當我看到菜單之後，我發現了其中可能的關鍵所在：

　　「你餐廳的消費形式有點類似王品集團的西堤，在你的菜單中，每位消費者必須從飲料、前菜、沙拉、主食，以及飯後

甜點當中各選一種當作自己的套餐。此種立意雖然很好，也就是每個人都可以擁有為自己量身打造的套餐，但你有沒有發現有哪些問題嗎？」

「我的飲料、前菜、沙拉、主食和飯後甜點，都有很多不同的選項可以讓顧客做選擇，應該沒有問題才對啊！」他回答我。

「沒錯！你的問題就是出在這些地方！」

「你自己看一下，你的飲料、前菜、沙拉、主食和飯後甜點，都各有將近 10 種選項可供選擇，乍看之下似乎很好，對嗎？」我露出神秘的微笑。

「是啊，讓顧客有更多選擇不是更好嗎？而且為了要讓顧客有更多的選擇彈性，我廚房的食材還必須更加多元，這些對我而言都是成本哩！」他說。

「因為你餐廳的地點是在商業辦公區，如果我沒猜錯的話，你的顧客大多是屬於商業客戶居多吧？也就是通常不會是顧客一個人來用餐。」我問。

「對啊！」他回答。

「既然是商業客戶而且不是單獨前來用餐，那麼他們的重點可能就未必是餐點是否具有極高的多樣性，社交應酬順便用餐才是他們的目的。你看一下你的飲料、前菜、沙拉、主食和飯後甜點，每一種都有將近 10 種選項。換句話說，他們只是要和商業客戶談生意，聚餐並非主要目的，但是卻要從這 50 種選項中選出 5 種自己中意的菜色或甜點。在並非以用餐為主的情境下，要他們做出此種選擇，似乎遠遠超過了一個人的認知負荷能力與意願！」我告訴他。

「有道理唷！」他似乎若有所悟。

「很多人以為，我給他人的選擇愈多，對方應該會愈高興，但事實上並非如此。太多選項可供選擇，只會造成他們在認知負荷上造成困擾，也就是心理學上所謂的認知超載（cognitive overload）。」我補充說明。

我看過一個頗具人生哲理的故事：有一位美國納斯達克股票上市公司的總裁跑去南美洲智利的一個小漁村度假。有一天早上 10 點半左右，他看到有一位智利漁夫在捕魚，他便上前

和這名漁夫攀談。

「請問方便請教一下，你每天捕魚的時間多久？」總裁問道。

「哦！我每天早上 10：30 捕魚到中午 12 點，然後回家吃飯，中午休息到下午 3 點，然後再過來捕魚到 4：30，接著就回家和家人準備共度美好的晚餐時刻。我每週只工作三天，其餘的四天，我有時會和家人外出露營、訪友或到處走走。」漁夫回答。

「請問你不覺得每週只工作三天，而且每天只工作三小時，這樣的工作時間太少嗎？」總裁很好奇地發問。

「會嗎？我覺得這樣很充實啊。」漁夫感到很不解。

「我是美國一家納斯達克股票上市公司的總裁，讓我來教你如何賺錢。你應該每天捕魚九小時，每週工作五天，這樣子多出來的五倍漁獲量可以賣給生產魚罐頭的工廠，等到你的收入增加之後，接著就可以把魚罐頭工廠買下來做跨國生意。等到跨國生意愈做愈大之後，就可以在美國納斯達克掛牌上市。

如此一來，你就可以像我一樣成為上市公司的總裁了。」這位
總裁很驕傲地說道。

「然後呢？」漁夫接著發問。

「這樣一來，你就可以很怡然自得地每週工作三天，每天
只工作三小時即可。多餘的時間可以和家人相處，和朋友們聊
天、唱歌跳舞啊！」總裁回答。

「嗯！但這不就是我現在過的生活嗎？」漁夫笑了笑。

「少反而好效應」中所謂的「少」，並非絕對上的「少」，
而是相對於過量而言的「少」。人生也是一樣，一味地追求功
名利祿永遠沒有止境，反而降低了生活品質，這豈是明智之
舉？「少反而好效應」應該有助於您對人生有更深一層的體悟
吧？

費雪賓模式

（The Fishbein Model）

費雪賓模式（Fishbein Model）：傳統上，態度是指人們對某個特定標的物所學習到的持續反應性傾向。影響態度的因素有所謂的三位一元理論，也就是 ABC 模式（ABC Model）。由美國心理學家湯瑪斯·歐斯壯（Thomas Ostrom）所倡導的 ABC 模式認為，影響態度的因素為情感（affect）、行為（behavior）與認知（cognition）。而曾任教於美國賓州大學的心理學家馬丁·費雪賓（Martin Fishbein）教授則於 1963 年提出了著名的「費雪賓模式」（亦稱為「多屬性態度模型」）。該模式主張，人們對於某件事物的態度取決於三項要素：屬性、信念與偏好評估。

「費雪賓模式」以數學模型來表示即是：

$$A_{kj} = \sum_{i=1}^{n} W_{ki}B_{kij}$$

A ＝個體對標的物的態度，W ＝權重，B ＝信念，k ＝個體，i ＝屬性，j ＝被評估的標的物，n ＝屬性數目。

乍看之下此一公式頗為複雜，但事實上它可套用在所有需要做決策的情境，以幫助人們做出有效且理性的決策。以下便舉例說明：

假如你目前正在求職，在列出心目中求職的標準（屬性），並決定各屬性的重要性（權重）之後，依照「費雪賓模式」可以畫出如下的表格：

屬性	屬性權重（1-10 分）	對各工作屬性的信念（1-10 分）			
		工作 A	工作 B	工作 C	工作 D
起薪	7	8	6	6	7
工作地點	8	8	7	8	8
升遷順暢性	8	7	7	8	6
公司規模	6	6	8	7	6
發展前景	9	8	8	7	9
總分		284	274	275	278

　　從上述的表格可知,在決定各屬性、屬性權重並分別給予各屬性分數以後,以理性客觀的標準來看,工作 A 應該是綜合評比最高分的選項,並予以最優先考慮。但事實真的如此嗎?有太多人會因某些內心中情緒化,且並未列為評估屬性的理由(例如公司門面不夠氣派),而不理性地放棄選擇工作 A,反而去選擇綜合分數較低的其他工作。

　　身處於現代緊張忙碌的社會中,生活的壓力愈來愈大,日常生活中面臨必須做出選擇的場合也愈來愈多。似乎永遠消化不完的資訊時常讓人目不暇給,內心恐懼做出誤判的憂慮也無形地對身心造成壓力。人們所感受到的選擇困難,小至今天晚餐要吃什麼,大至婚姻對象的選擇,都可說是深深困擾著現代人!無怪乎現代人許多都有選擇困難症,似乎選擇困難症已經變成了一種流行的現代文明病。

　　就以新冠肺炎疫苗來說,有多少非醫學背景的人能夠了解何謂 mRNA 疫苗?何謂腺病毒疫苗?何謂 RT 值?何謂 R0 值?AZ、莫德納(Moderna)、輝瑞 BNT(Pfizer BioNTech)這三大疫苗品牌的副作用又有何不同?在疫苗學和傳染病學成為當代顯學的同時,不懂這些常用的專有名詞彷彿就與社會脫節似的。而要選擇哪種疫苗施打?以及打或不打?對於有選擇困難

症的人而言，恐怕又會歷經一番天人交戰。

　　選擇困難症（decidophobia 或是 select phobia）原本在心理學上是屬於一種心理疾病。根據字面上的意思來看，選擇困難症也就是指人們在選擇這件事情上產生了恐懼。基本上，選擇困難症所帶來的心理困擾對每一種人的生活影響都非常深刻，特別是對於那些事事追求完美的人而言，更容易產生選擇困難症。

　　從生理上來看，面對選擇的時候往往會刺激人的內分泌系統產生腎上腺素，強化人們對外界緊張狀況的系統性掃瞄，這本來是屬於一種對人類有益的生理安全機制。但此種內分泌系統如果在運作上超過正常水準，便可能衍生出病態反應的症狀，例如強迫症（obsessive-compulsive disorder, OCD）與廣泛性焦慮症（generalized anxiety disorder, GAD）。

　　選擇困難症的人在面臨抉擇的時候經常手足無措，他們通常會在備選方案上猶豫不決，無法做出兩全其美的決定。因此他們常常會採取要求別人代為決定，或是選擇大多數人選擇的選項。

選擇困難症通常起源於下面兩種主要原因：

1. 追求完美：研究星座血型的人也許會覺得 A 型處女座是完美主義者的典型代表。完美主義者通常會以過多的考量點來評估各待選方案，務必在各個條件上都達到高標準才甘心。但某一方案在各方面的表現都出類拔萃談何容易？此一現象更令具有完美主義傾向的人難以做出決定。

2. 歷史傷口：從前在某一項類似的選擇上曾經做錯決定而導致重大損失，甚至造成心理陰影。因此未來再度遇見類似的決策情境時，便會產生恐懼而無法果斷地做出決定。

那麼要如何克服選擇困難症呢？最重要的是要練習培養自己的心理素質，也就是壯大自己的心理素質強度。「其實選擇錯誤又怎樣」是依據必須牢記在心的無上心法。人生不可能事事都盡如人意，更別說是皆能達到完美的境界。如果這層心魔無法自行克服，那麼外界的協助恐怕也只是杯水車薪。

大家讀書的時候想必都做過選擇題的考試吧？在校時考試的選擇題有老師規定的標準答案，畢業之後進入職場、進入社會，同樣也會面臨人生的選擇題。但不同的是，人生的選擇題

沒有標準答案！選擇相同答案的人，日後的際遇卻未必相同，端視你如何面對人生的出口。

有句話說：「生命會找到自己的出口。」其實，重點不在於如何選擇你的人生方向，而是在於如何面對自己的選擇。有了這層深刻的認知，相信「選擇困難症」不會再對你造成困擾。

「費雪賓模式」不只可用於工作的選擇，日常生活中所有的決策，例如購物、擇偶等，均可利用「費雪賓模式」做出較為理性的決策，讓你做出較為不易後悔的選擇。也就是說，「費雪賓模式」是一個以理性科學的方式，協助大家對於人生中的決策予以邏輯性的思考，並做出「近於合理，但未必100% 完美」的選擇。希望透過「費雪賓模式」能幫助大家能夠遠離選擇困難症，讓你的人生決策不再猶豫不決！

「容許些微的不完美，才能成就真正的完美」這句大家耳熟能詳的話，相信可以讓你的「選擇困難症」一掃而空。

稟賦效應

(The Endowment Effect)

稟賦效應（Endowment Effect）：主張當一個人擁有某項物品或資產的時候，他對該物品或資產的價值評估要大於尚未擁有這項物品或資產之時。2002 年諾貝爾經濟學獎得主、美國心理學家丹尼爾．卡尼曼（Daniel Kahneman）曾經進行過關於「稟賦效應」的實驗。在該實驗中，工作人員把受試者隨機分成兩組，一組在完成問卷後，得到一個馬克杯作為「禮物」；而另一組完成問卷後，得到一盒巧克力作為「禮物」，兩者價值相同。當受試者收到「禮物」後，工作人員便告訴兩組受試者其實可以任選巧克力或咖啡杯作為「禮物」，隨後並詢問他們是否願意互相交換。由於受試者為隨機分配，所以依照統計學上來看，應該有大約一半的受試者會選擇互換。但結果顯示：只有一成的受試者選擇互換。換句話說，得到咖啡杯的人中有大部分人認為咖啡杯較好，而得到巧克力的人中有大部分人認為巧克力較好。據此，心理學家推斷出：人們傾向於喜歡自己目前擁有的東西，當我們產生擁有某件物品的感覺後，該物品的價值也會在心中自然而然地隨之提升。

　　從古典經濟學的理論來看，人們的決策都是以完全理性為基礎，也就是說人們不會做出任何於己不利的決策。但是隨著心理學融合經濟學而形成的新興「行為經濟學」（behavioral economics），逐漸打破了傳統經濟學主張的「完全理性」（perfect rationality）的概念，並且提出「有限理性」（bounded rationality）的觀點。換句話說，人類的行為決策有時可能會並非以完全理性的觀點出發，有限理性的決策比比皆是。「稟賦效應」（endowment effect）就是行為經濟學中一個極為有趣且重要的概念。

　　「稟賦效應」主要探討的概念，就是描述人們通常會有「不喜歡目前已擁有的東西被剝奪」的心態。當你擁有某種東西時，你對該項物品的價值評估會超過尚未擁有它之時；而當你一旦擁有它之後，如果有人要求你出讓或轉賣，則對方往往必須付出比該商品原本購入時更高的價格。因為一般人都會覺得，對於已經擁有物品被剝奪之後所產生的痛苦，永遠高於當初擁有它時的快樂。一言以蔽之，這不就是「敝帚自珍」的寫照嗎？

　　除了上述的實驗之外，美國心理學家丹尼爾・卡尼曼（Daniel Kahneman）曾經作過有關於「稟賦效應」的另一項

實驗。

在實驗中，卡尼曼向一群隨機選取的大學生受試者展示了一個售價 6 美元的馬克杯，並告知他們此種馬克杯的市場售價。其中一半的受試者免費獲得了這個價值 6 美元的馬克杯，另外一半則沒有。接著卡尼曼要求擁有馬克杯的受試者表達他們願意用多少錢出售此一馬克杯？另外，尚未擁有此種的馬克杯的受試者則表達願意花多少錢去購買此一馬克杯？

實驗結果顯示，對於那些已擁有馬克杯的受試者而言，5.25 美元是他們可接受最低的出售價格（「願意接受的出價」，willingness to accept, WTA）：但是對於那些目前尚未擁有該馬克杯的受試者而言，他們願意付的最高價格是 2.75 美元（「願意購買的出價」，willingness to pay, WTP）。此一實驗結果清楚地顯示出「稟賦效應」的結論：一旦人們擁有某件物品之後，對於它的主觀價值感會大大提升，遠遠高於尚未擁有它之時。以簡單的數學式加以表示，就是 WTA>WTP。

有人把「稟賦效應」視為是一種斷捨離所帶來的巨大痛苦，此種痛苦的負面衝擊程度，遠遠高於當初擁有該物品時所帶來愉悅感的正面衝擊程度。

　　讓我們來看一個例子：如果你今天買了一棟房子，經過仔細精心裝潢之後，你很開心地遷入新居。過了三個月，當你仍然沉浸於享受此一新房的喜悅時，某一天，有一位曾經參觀過你新居的朋友打電話來，詢問你是否願意將房子轉賣給他？對於你而言，房子本身加上裝潢的費用一共花了三千萬元，此時你會以原價三千萬元賣給這位朋友，還是會要求比三千萬元更高的價格才願意出售？

　　假使你不是投資客，也不考慮房市上漲的外部因素，我猜測絕大多數的人在此種情況之下，都會選擇要求比三千萬元更高的價格才願出售。從「稟賦效應」的觀點來看，因為你已經擁有了這棟房子，你對它的價值評估必定會高於當初實際投入的成本。也就是說，你願意出售的價格包括了實際的金錢成本以及斷捨離的心理成本。至於斷捨離的心理成本有多高，則可能因個人的心理素質強度而異。

　　至於斷捨離的心理成本，可以從心理學上的情感依附（emotional attachment）的觀點來詮釋。當你擁有了某種物品之時，倘若在你並未對它產生厭惡不滿情緒的前提之下，通常會對它逐漸產生情感依附，一旦被要求和它「分手」，對方必須付出高於你當初擁有它時所花費的實際成本，來彌補此種斷

捨離的「心理創傷」。

　　大家應該都聽過一句話:「天下沒有白吃的午餐」或是「免費的永遠最貴」。在我們的日常生活之中，許多廠商也會運用「稟賦效應」來攻陷消費者的心防。例如，信用卡發卡銀行會以類似下列的廣告用語來吸引消費者申辦新的信用卡:

　　「現在申辦 XX 銀行信用卡，可以免費獲得 $500 購物金，可以在本銀行精選商品專案中折抵使用，新辦卡友才享有此優惠喔……」

　　如果你選擇申辦此信用卡，對於你而言，這 $500 已經是屬於你的，若不在有效期限之內善加運用，這 $500 的購物金就會失效。為了避免從「擁有的愉悅」演變成「失效的痛苦」，你的內心便會激發你努力地尋找消費的機會，你也很有可能因此從該銀行的專案中選購商品，而這正是廠商運用「稟賦效應」的企圖。

　　電視購物標榜免費試用七天，除了公平交易法的規定之外，「稟賦效應」亦是免費試用背後的關鍵考量!因為消費者如果選擇試用，也就是擁有該項商品之後，除非該項商品的品

質或功能太離譜，否則絕大多數的消費者通常會選擇留下它，因為要將已經屬於自己的物品選擇退貨，實在是於心不忍！這也正是廠商的「陽謀」啊！

　　人們通常會對已擁有的物品賦予不理性的超量偏好，並賦予過度的價值。面對人生所有的抉擇，無論是愛情、婚姻、職場工作、甚至投資理財行為，唯有試著讓自己勇於面對斷捨離，才能避免「稟賦效應」影響理性的判斷。

心理帳戶

（Mental Accounting）

心理帳戶（Mental Accounting）：2017 年諾貝爾經濟學獎得主、美國芝加哥大學行為科學教授理查·塞勒（Richard Thaler）以「展望理論」（prospect theory）為基礎，提出了「心理帳戶」（mental accounting）的概念。原本帳戶是個人或企業用來記錄收入和支出的方法，以便於資金管理並計算盈虧。然而塞勒教授發現了人類心理上也有此種帳戶的存在，稱為「心理帳戶」。按照傳統經濟學的理論來看，金錢本身並沒有特定標籤，非屬同一筆的金錢在不同的用途上理應具有互相流動性與替代性；然而在「心理帳戶」中，人們會依照金錢的來源或使用用途的不同，把金錢分配至不同類別和不同用途的帳戶之中，而且不同帳戶內的金錢彼此也不能互相流用。也就是說，用於不同用途之各筆金錢具有各自的「標籤」（label），這是「心理帳戶」中一個很重要的原則。

有一位久未謀面的朋友打電話和我敘舊，問起近況，他歎了一口氣：

「唉！別提了！原本老闆固定給我每月二萬元的特別津貼最近突然被取消了。」他無奈地說。

「為什麼？你最近工作表現不佳嗎？」我問。

「沒有啦！只是老闆說，為了讓公司更有制度化，他決定把全公司所有的特別津貼都取消，改為對身兼兩個以上部門主管者的主管加給多發二萬元。」他語氣半淡地這麼說。

「咦！奇怪！那你這樣不是每個月的總收入並未減少？這樣有什麼好不高興？」我很好奇地問。

「可是我總是感覺那原本可領到二萬元的特殊津貼憑空不翼而飛，因此心裡覺得不太舒坦。」他這麼回答。

上述的例子其實就是「心理帳戶」的效應在作祟。原本可領到二萬元特殊津貼是被歸類在「特別加給」的心理帳戶之內，而額外獲得的二萬元主管加給是被放在「主管加給」的心

理帳戶之內。由於「心理帳戶」的特性之一，就是不同帳戶之內的金額不能互相流用。所以雖然我這位朋友每月的總收入不變，但是額外「主管加給」帳戶內金額增加所帶來的愉悅感，並無法彌補「特殊津貼」帳戶內金額減少所造成的損失感，所以他會感覺到似乎整體的收入減少。

再試著想像另外一個情境：今天你中了樂透一萬元，和你辛苦加班一個月所獲得的加班費一萬元，哪種來源的錢你比較容易亂花掉？應該大部分的人都會覺得中樂透的錢比較有可能隨便花掉。雖然這種心理很正常，但似乎流於不夠理性。

就金錢的貨幣價值上來看，兩者的來源都是一萬元；再從經濟上的角度來看，兩種金額在市場上的購買力都是一萬元，為何中樂透的一萬元獎金比較容易被花掉？因為一般人可能都會覺得「Easy money, easy go」，但理性的人應該要這麼想：如果不把中樂透的獎金亂花掉的話，下個月就可以不用這麼辛苦地加班了，不是嗎？

本文一開始有提到，「心理帳戶」最重要的概念便是，通常人們會依據「金錢來源」或「使用用途」的不同，把金錢歸類至不同的心理帳戶。以上的兩個例子，便是不同來源的金錢

被歸類至不同心理帳戶的實例。接著我們來看「使用方式」不同所造成的「心理帳戶」效應。

第一種情境：今天是週末，你打算出門去欣賞五月天的演唱會，出門之後你才發現原本購買的價值 5,000 元的演唱會門票不見了。此時你可以選擇仍然前往，到達現場之後再購票（假設仍買得到票的前提下），只是必須再多花 5,000 元。

第二種情境是：你已經出門，在去欣賞五月天演唱會的路上，並打算現場購買一張 5,000 元的演唱會門票，當你正準備進入捷運站時，你突然發現你的悠遊卡不見了，裡面有你昨天才儲值價值 5,000 的金額，此時，你會繼續前往參加五月天的演唱會嗎？

在第一種情境之下，應該很多人便會放棄再去購買一張 5,000 元的五月天演唱會門票，因為對於你而言，欣賞五月天演唱會門票的成本變成 10,000 元，可能超過你的當月娛樂預算。但是在第二種情境之下，相信許多人還是會選擇前往欣賞五月天的演唱會，因為遺失價值 5,000 元悠遊卡，對於你而言只是交通費帳戶內的損失，與你的娛樂帳戶並無直接相關性。

　　經濟學之父亞當・史密斯（Adam Smith）的「國富論」
（*The Wealth of Nations*）當中曾提到所謂的「一隻看不見的手」
（an invisible hand），被後人視為是古典經濟學思想的核心所
在。「一隻看不見的手」通常是指在假設無外力的干擾之下，
自由市場內的供給和需求會自然地達到均衡狀態，價格與數量
都會達到最適的水準，彷彿市場運作背後受到一股無形力量的
牽引，因此被稱為「一隻看不見的手」。

　　就像是經濟學上「一隻看不見的手」一樣，「心理帳戶」
也是以無形的方式存在於許多人的心中，並且是以不著痕跡的
方式運作，使人們不自覺地做出不理性的行為。在「心理帳
戶」的制約下，每個人對於各種金錢的來源和用途會予以分門
別類，並且不允許互相流用。當某一帳戶內的金額用罄，基本
上不會以總金額的概念，從別的帳戶省下來的錢流用到不足的
帳戶，因為此舉會破壞了各心理帳戶之間的排他性。

　　前一陣子振興券的話題吵得如火如荼，原本依據行政院
的規劃是每個人繳交 \$1,000 現金可以獲得價值 \$5,000 的振
興券，最後行政院拍板定案，不必繳交 \$1,000 每人即可獲得
\$5,000 的振興券。我們就拿此一火熱的話題來探討一下「心理
帳戶」。

　　假使行政院關於發放振興券的方案有兩種：一種是繳交
$1,000 現金可獲得價值 $5,000 的振興券；第二種是不必繳交
現金直接給予每位民眾 $4,000。換句話說，這兩種方案每位民
眾在扣除成本之後都可以獲得價值 $4,000 的振興券（在第一種
方案下，每位民眾的實際收入是 5,000-1,000=4,000，而在第二
種方案下，每位民眾可獲得的收入是 4,000-0=4,000 元）。

　　乍看之下，這兩種方案的實際獲利都是 $4,000，但是民眾
心裡的感受恐怕有非常大的出入。我們便以「心理帳戶」的觀
念來分析如下：

　　在第一種方案下，每位民眾在「生活花費」的帳戶中付出
$1,000，而在「意外收入」的帳戶中進帳 $5,000。雖然收入的
帳戶裡面多了一筆天外飛來的財富 5,000 元，但是原本為列在
「生活花費」的帳戶裡面卻少了 $1,000，會被視為是一筆意外
的損失。

　　「框架效應」告訴我們，在相同規模的情況下，損失的權
重永遠大於獲益的權重，因此 $1,000 損失背後所代表的意義
遠超過 $1,000 的帳面價值，也就是說民眾會覺得在此方案下，
他的實際收入小於 $4,000。但在第二種方案下，由於不必付出

任何成本，所以民眾所感覺到的實際收益也就等於 $4,000。因此，消費者當然比較青睞第二種方案。

那麼要如何避免「心理帳戶」所造成的非理性認知偏誤呢？其實最簡單的作法，就是以「結果導向」的觀點來看待各個方案。人生路上的風景固然美麗，但終點才是每個人的目標。在各種人生競賽中，起跑點永遠只是過程而已，唯有終點才是決勝點，不是嗎？

Chapter

20

妥協效果
（The Compromise Effect）

妥協效果（Compromise Effect）：由美國史丹福大學（Stanford University）伊特瑪‧賽門森（Itamar Simonson）教授於 1989 年所提出的「妥協效果」，原本是運用在消費心理學的情境。該理論主張，一個由品牌 A 和品牌 C 組成的選擇集合，每個品牌在屬性上各有利弊。當第三個選項（即 B 品牌）被添加到選擇集合中，且 B 品牌的屬性優劣程度介於兩個極端選項（A 品牌和 C 品牌）的屬性優劣程度之間，此時成為中間選項的 B 品牌便成為妥協選項，將可獲得比 A 品牌和 C 品牌更大的市場占有率。

　　請試著想像一個情境：明天是你女朋友的生日，你想為她買一個生日蛋糕。當你進入某家知名蛋糕店時，發現蛋糕冷藏櫃中有兩種相同口味、但尺寸不同的蛋糕可供選擇：6 吋蛋糕售價 300 元，以及 10 吋蛋糕售價 600 元。當你正在猶豫不決之時，一位有著親切笑容的店員向你走來：

　　「您好！請問需要幫您推薦嗎？」

　　「嗯！我正在考慮要選 6 吋還是 10 吋的蛋糕。」你這麼回答。

　　「先生，我們裡面的冷藏櫃中還有 8 吋的相同口味蛋糕哦！售價 450 元。」店員很熱心地提議。

　　「哦！我想我選擇 8 吋蛋糕好了，請幫我結帳一下。」你當機立斷地做出了決定。

　　理論上，在條件相當的情況下，三種蛋糕被選擇的機率應該都各是三分之一。但為何當售價 450 元的 8 吋蛋糕被添加到這個選擇集合時，反而會降低 6 吋與 10 吋蛋糕對你的吸引力呢？因為在 8 吋蛋糕被加入選項時，6 吋和 10 吋蛋糕可能會分

別因為顯得太小或太大而成為極端選項，8 吋蛋糕就變成妥協
選項（中間選項）。根據「妥協效果」的觀點，此時 8 吋蛋糕
被選擇的機率，會比 6 吋和 10 吋蛋糕被選擇的機率高。

一般人都會有「一分錢，一分貨」的迷思，也就是說，價
格高昂商品的品質想必不差，但價格低廉的商品，品質勢必好
不到哪裡去。讓我們來看下面的例子：

近年來很流行運動手環、運動手錶，此類商品可以幫助
監測睡眠狀態以及心率，再加上體積輕巧，已成為頗受現代人
青睞的商品之一。由於對此類商品並不熟悉，你上網查詢了一
下各品牌運動手環大約的價格區間，並以相似功能作為比較標
準。

結果發現，A 品牌的運動手環基本款僅 1,000 元的低廉售
價，符合你對入門款運動手環的期待，但缺點是錶盤設計稍微
缺乏時尚感；C 品牌的基本款售價 5,000 元，價格超出你的期
待水準，但它的錶盤設計相當符合時代潮流，深得你心。正當
你在價格與手環設計感之間內心交戰不已之際，你意外發現有
一款功能相似的 B 品牌運動手環，3,000 元的售價仍在你的預
算範圍內，錶盤設計雖比不上 C 品牌那麼具有時尚品味，但也

仍有相當的水準。此時你會選擇 B 品牌嗎？

「妥協效果」發生的前提是，人們對某一品牌沒有特殊的偏好或偏惡，而且對於此類商品的知識並不太熟悉，無法做出過於專業的判斷，因此只能從外部線索（例如價格與外型設計）作為決定的依據。

以上面這個運動手環的例子來看，選擇 B 品牌售價 3,000 元運動手環的機率，將會高於選擇 A 品牌和 C 品牌運動手環的機率。A 品牌和 C 品牌運動手環，由於在售價和錶盤設計上各自具有優勢與劣勢（A 品牌的優勢是價格便宜，但劣勢是不夠時尚；C 品牌的優勢是具時尚感，但劣勢是價格高昂），很難讓人在選擇決策上做出取捨（trade-off）。為了避免做出錯誤選擇而日後產生後悔（選擇 A 品牌可能日後覺得不夠時尚，但若選擇 C 品牌又覺得太貴），中間選項似乎是最保險的方案。

除了購物的情境之外，人生當中許多更加複雜的情境也可能被「妥協效果」所左右。再來看一個例子：

如果你現在正在轉換職場的跑道，目前有 A 和 C 兩家公

司已經決定錄取你，在其他條件相當的情況之下（例如公司規模和發展前景等），目前你把地理距離和薪水多寡列入唯二考量的因素。A 公司距離你家的地理距離較為遙遠，需要一個小時的車程才能到達，但是每月的薪水比 C 公司多 $5,000，足以補償你的交通費和時間成本；但 C 公司距離你家只需要大約 20 分鐘的車程，可惜薪水比 A 公司少了 $5,000。當你正在猶豫不決之時，B 公司也來電告知你被錄取了，B 公司距離你家的車程和薪水剛好都介於 A 公司和 C 公司之間，那麼你該如何選擇呢？

就以經濟學中最常提到的一句話：「在其他條件不變的前提之下」，你可能覺得 A 公司雖然薪水最高，但是距離你家最遠，上下班通勤會花太多時間；C 公司雖然距離你家最近，但是薪水卻是最低。與 A 和 C 兩家公司相比，B 公司雖然薪水不是最高，但是距離你家也不算太遠，都是屬於可以接受的範圍之內。因此，你選擇 B 公司的機率應該最高。

基本上，妥協效果還是植基於人們常常使用「參考點」作為比較的標準。「比上不足，比下有餘」正是妥協效果的中心理念。然而被拿來當作比較基準的參考點真的具有客觀上的參考性嗎？參考點基本上可以分為「內部參考點」（internal

reference point）和「外部參考點」（external reference point）
兩種。

　　上述的例子基本上都是以「外部參考點」作為比較的標
準。然而，大家在做選擇的時候，是否還是應該以「內部參
考點」——亦即原本內心設定的標準——來當作評估的基準
方為正途？一旦受到外部參考點的「注意力轉移」（attention
redirection）之後，極有可能會做出悖離初衷的非理性思考。

　　那麼要如何避免此種非理性的思考模式呢？本書其他章節
中所提到的「費雪賓模式」（Fishbein model），便是一項很有
用的工具，只要決定方案的屬性種類與各自的權重，並就各備
選方案予以客觀評分，將有助於大家做出相對理性的選擇。

　　由於資訊的不對稱性，人生在世永遠必須做出許多選擇，
特別是在眾多方案都不夠完美的情況之下。這種人生的抉擇，
除了考量人們的智慧以外，是否能夠理性地評估眾多選項，似
乎才是最大的考驗。雖然「妥協效果」有助於做選擇，然而，
「忠於初心」，似乎才能擺脫妥協效果可能帶來的誤導。

負面偏誤

（Negativity Bias）

負面偏誤（Negativity Bias）：美國社會心理學家羅伊・鮑麥斯特（Roy F. Baumeister）與專欄作家約翰・堤爾尼（John Tierney）在《負面的力量：負面效應如何支配我們，以及我們可以如何支配它》（*The Power of Bad: How the Negativity Effect Rules Us and How We Can Rule It*）一書中提到：負面事件的衝擊通常比正面事件的衝擊更為強烈。他們主張，人們與生俱來似乎具有一種不理性的傾向——負面事件對於情緒所帶來影響的程度，遠比正面事件對於情緒的影響更加強烈。在日常生活中，我們很容易地會放大負面批評的微言片語，但卻對大眾的交相讚美無動於衷。我們「會在群眾中看到有敵意的面孔」，但「忽略了所有友善的微笑」。

從心理學的觀點來看，人們普遍具有「損失趨避」（loss aversion）的心態，大部分人在正常情境下都偏好採取「避免損失」，而非「勢在必得」的心態，因為比起成功的喜悅，失敗的痛苦所帶來的打擊似乎更為強烈。《負面的力量：負面效應如何支配我們，以及我們可以如何支配它》一書中也提到，那些給你正面肯定的朋友、同事等的「社會支持」所帶來之正面影響，遠不如那些抨擊你的人的「社會破壞」所帶來之負面影響。

用口語化的方式來說，負面偏誤指的是在相同程度的情況之下，人們對負面訊息的事物會比正面訊息的事物留下更深刻的印象，而且賦予較高的信任度。也就是說，通常人們會賦予負面訊息比正面訊息更大的權重，因此會受到更大的影響。試想一下，你遺失了一千元所帶來的「痛苦」程度和撿到一千元所帶來的「快樂」程度，哪一種的衝擊更為強烈？

壹傳媒旗下的蘋果日報和壹周刊，分別於 2021 年 5 月和 2020 年 2 月畫下句點。蘋果日報和壹周刊「一生」的功過仍有待世人評斷。回顧蘋果日報於 2003 年 5 月進軍台灣市場，便以彩色印刷與特殊的新聞報導風格，橫掃當年由聯合報、中國時報和自由時報三分天下的台灣報紙市場。許多衛道人士都對

於蘋果日報強調腥膻色的報導風格嗤之以鼻,認為有失新聞媒體的格調與品味。

暫且拋開該報紙的報導風格不談,以我對於蘋果日報初期在台灣上市時的閱讀印象來看,當年蘋果日報在政治、經濟、運動,甚至於管理方面專欄的報導內容,均留下正面的觀感。印象所及,甚至蘋果日報當年還在每週末推出自行拍攝介紹日常英文對話的 VCD 影音光碟,可以說是十分用心良苦,在此仍予以正面的肯定。

接著再來看蘋果日報最為衛道人士所詬病的腥膻色報導風格,從「負面偏誤」的觀點來看,相較於正面訊息的新聞報導,社會大眾本來天生就對於八卦等負面訊息具有較高的興趣。就商業機制的觀點來看,大家喜歡閱讀此種負面訊息報導的市場本來就存在,蘋果日報與壹周刊只不過是滿足大家的需求罷了。

再從純粹市場的角度來分析,只要不涉及以違法的手段來取得訊息,那麼報導風格只是一種順應市場需求的手段而已。君不見歐美國家也有許多以扒糞、八卦為訴求的報紙雜誌媒體,例如英國的「太陽報」(*The Sun*)與「每日鏡報」(*Daily*

Mirror），以及美國歷史最悠久的報紙「紐約郵報」（*New York Post*）。根據非正式的統計數字，「太陽報」的讀者群人數比影響力首屈一指的「泰晤士報」（*The Times*）高出一倍以上。

我並非主張專業報導八卦負面訊息等的新聞媒體值得讚揚，而是說不論從國內還是國外、成立時間長短，或是以銷售量來看，八卦媒體似乎都引領風騷。此一現象正可以說明「負面偏誤」理論所主張的論點，也就是負面訊息的影響力遠高於正面訊息的影響力。

自從 2019 年底開始新冠疫情逐漸升溫，各種變種病毒不斷侵襲世界各國的報導，透過網路與新聞媒體大肆傳播，而中央疫情指揮中心每日下午的記者會也早已成為眾所矚目的焦點。然而長期累積下來的確診案例、確診者足跡、傳染途徑等負面訊息，早已深植在社會大眾的心中。由於負面訊息長期的累積，容易在你我的心中形成一股日益強烈的焦慮感，甚至於會降低人們的理性判斷，更進一步地可能對你我的心理健康造成無形的嚴重傷害。

根據 2021 年 6 月的「新新聞」報導，新冠肺炎肆虐全球超過一年以後，世界各地民眾的心理健康狀況逐漸走下坡。美

國、英國、日本等地的民眾，特別是年輕學子產生輕生念頭或付諸行動的數字大幅上升。雖然此一現象不能直接證明與新冠肺炎有直接關係，但數字在近兩年之內大幅上升卻是不爭的事實。

然而要如何避免諸如選舉、新冠疫情等負面訊息帶給大家心理健康上的衝擊，不妨試試下列兩種方式：

1. 回歸原本正常的生活：也就是回到從前的生活作息，原本應該工作的時候就工作。休息的時候就休息，不要把太多的時間花費在太多充斥負面訊息的新聞媒體報導之上。

2. 找出紓壓的方式：當自己感到承受巨大壓力之時，應該設法離開讓自己感受到壓力的情境。即使目前外出的自由度未受到太多限制，但仍可以透過其他的方式進行排遣，例如上網購物、看電視、聽音樂，或追求一些平常因為工作繁忙而無暇嘗試的夢想。

「負面偏誤」效應屬於一種認知偏誤，容易使一個人對訊息產生不理性且可能失準的誤判。要如何避免「負面偏誤」效應所帶來的影響呢？我建議不妨多運用系統性的思考來取代捷

思性的思考方式。

　　通常「負面偏誤」效應之所以發揮強大的效用，是因為訊息接收者大多運用捷思法來處理訊息；如果改採系統性的思考模式，負面訊息所帶來的負面影響力，可望因審慎思考而逐步減輕。「平衡思考」無異是對抗「負面偏誤」效應的最佳解方。唯有擺脫「負面偏誤」效應的羈絆，你我才能不役於物，朝向理性思考的境界邁進！

阿倫森效應

（The Aronson Effect）

阿倫森效應（Aronson Effect）：1999 年獲美國心理學會頒發傑出科學貢獻獎的美國心理學家艾略特·阿倫森（Elliot Aronson）主張，人們會對於那些對他們表示讚揚或正面肯定的人抱持好感，特別是在這些肯定的強度持續增加的情境下；相反地，如果此種正面肯定的強度持續下降，反而會比一味否定的情境令他們更為反感。

在談到「阿倫森效應」之前，我們必須先了解何謂「印象管理」（impression management）。在心理學的領域當中，「印象管理」又稱為「自我展現」（self-presentation），它是由美國社會心理學家厄文·高夫曼（Erving Goffman）教授透過一連串的觀察與分析，在 1959 年他所出版的書《日常生活中的自我展現》（*Presentation of Self in Everyday Life*）中所提出的理論。「印象管理」主張，人們總是會試圖以符合當下社會情境或人際互動背景的形象來展現自己，以確保他人對自己做出正面的評價。

印象管理是維持良好社會互動的一個基本手段。由於在不同社會情境或人際背景下，都有各自約定俗成的既有社會行為模式。此一社會行為模式傳達了符合該情境或背景下的「同質性」（homogeneity）。透過此種同質性的呈現，人們可望展現出「於己有利」的形象，並正面強化他人對自己的認知。

為何在談論「阿倫森效應」之前要先談印象管理呢？「阿倫森效應」就是告訴大家，在日常的工作與生活當中，應該如何避免由於自己的表現方式不當，而造成他人對自己印象的逆轉。相反地，「阿倫森效應」也告訴我們，在對他人印象形成的過程當中，應該如何避免受此種效應的影響，而對他人的印

象產生錯誤的認知。

在「阿倫森效應」的實驗當中，受試者被分為四組，分別為：被某人持續褒揚、持續貶抑、先褒後貶、先貶後褒。接著四組受試者被要求對此人給予評價，透過此種方式來觀察被評價者對哪種人最具好感度與最低好感度。為了避免由於強度不同而造成實驗結果的失真，「褒揚」或「貶抑」的強度均相同。

就直覺上來看，我們可能會猜測最具好感度的應該是「持續褒揚」的組別，而具最具反感度的應該是「持續貶抑」。然而，實驗結果證明，被評價者對於「先貶後褒」的情境最具好感度，而對於「先褒後貶」的情境則最反感。

「阿倫森效應」告訴我們：一般人似乎對那些對自己抱持不斷強化正面態度或行為的人事物較具有好感，但對於那些對自己抱持不斷弱化正面態度或行為的人事物最為反感。無論從經濟學的「邊際效用遞減法則」（law of diminishing marginal utility）或是心理學的「適應性效應」（adaptation effect）的角度來看，都可以說明為何持續褒揚所造成的正面印象強度，或持續貶抑所造成的負面印象強度，分別都不如「先貶後褒」和「先褒後貶」。

　　「阿倫森效應」不止可以運用在印象管理上，甚至可運用在兩性關係與婚姻之上。

　　我很喜歡早期李宗盛有一首歌「你像個孩子似的」，其中有一段歌詞對於生活與戀愛中的刻劃十分深刻：「戀愛是容易的，成家是困難的；相愛是容易的，相處是困難的；決定是容易的，可是等待是困難的……」。

　　在自由戀愛的前提之下，採取主動追求攻勢的一方（通常是男性居多），通常會對另外一方使出渾身解數，不斷地展現自己的才華與長處，並且關懷備至殷勤呵護。就如同黃舒駿在「戀愛症候群」長達 846 字歌詞中提到「……人會變得格外敏感勇敢和噁心，寫的說的唱的都像天才詩人一般才華洋溢，愈肉麻愈覺得有趣……」「……挖空心思改變自己，配合對方的習性；把每天都當作紀念日，把自己當作紀念品……」。然而，一旦步入結婚殿堂之後，此種關懷與呵護可能便與時遞減，造成原本備受呵護的一方極易感到心理不適甚至受創。因此在電視劇中常常會看到一句對白：

　　「你說，你有沒有像婚前那麼愛我？婚前你都對我那麼好，為何現在變得這麼虛應故事？」

　　針對此種情境，抖音上有一句很反諷的對白：「難道你考完試之後還會看書嗎？」

　　通常男性在結婚成家之後，對女方的感情會被置於工作和生活之後，也就是這段感情的熱度會逐漸降溫，然而女方卻可能相反，她們渴望能夠維持婚前的感情熱度甚至有增無減。此種男女雙方對於感情的認知與預期心理不同，便是造成女性覺得男性不再像婚前那麼愛她的原因所在。

　　事實上，很有可能並不是因為對方對自己的感情已不復存在，而是男女對於戀愛與婚姻抱持不同的觀點所致；也就是說，男性通常覺得戀愛與婚姻是兩碼子事，但是女性卻渴望婚姻是戀愛的更高層次或進階版。此種男女雙方對感情在婚姻前後是否等量的分歧觀點，是造成許多人婚姻關係不睦的主要元凶之一。

　　除了在愛情婚姻的情境之外，職場上也不時可見到「阿倫森效應」的身影。如果你身為一個企業老闆，過去五年以來你每年都為員工調薪3%，但是今年由於景氣不佳之故，你決定只調薪2%，此時員工可能會私下抱怨。但是如果過去五年以來每年都調薪2%，今年雖然景氣不好，但為了獎勵員工去年

整年的辛勞，你宣布今年大幅調薪 7%，此時員工可能會稱讚你是千載難逢的好老闆（請注意，這兩種情境的歷年總調幅都是 17%）！獲得此種正面回饋，「阿倫森效應」可說是居功厥偉。

每個人都喜歡聽讚美自己的話，所謂「千穿萬穿，馬屁不穿」。即使不是拍馬屁或諂媚，應該也不會有人對於真心讚美自己的話語感到反感吧？

「阿倫森效應」背後的心理機制便是：人們通常會對遞減的正面肯定感到極度無法接受，但對於遞增（甚至由負轉正之逆轉）的正面肯定卻大表歡迎。此種認知的心理偏誤會造成人際關係中，他人對自己的印象產生錯誤的認知。

因此無論是在兩性關係、職場或其他人際互動的情境中，最好避免這種正面態度遞減的表達方式，寧可一開始先採取較為保守的態度，再視情況逐步遞增對他人的肯定，絕對有助於提升自我印象管理。但從回歸到自我的觀點來看，對外界的褒貶視為雲淡風清，無愧於心且勇敢地面對自我，「忠於原我」應該會比八面玲瓏的偽君子，獲得他人更多的真正尊重吧！

過程導向 vs. 結果導向思維

(Process-Based vs. Outcome-Based Thinking)

過程導向（Process-Based）vs. 結果導向思維（Outcome-Based Thinking）：人們對於事件結局的評估，基本上可以分為「結果導向的思維」和「過程導向的思維」。結果導向思維鼓勵關注個人想要達到的最終狀態（例如，考試想獲得高分），而過程導向的思維涉及導致預期結果的循序漸進之過程（例如，學生設想如何透過有效方式以達到考試獲得高分）。一般而言，過程導向的思維通常比以結果導向的思維更有助於達成目標。具體而言，相對於結果導向的思維，過程導向的思維可以提高所欲完成任務的表現。早期雷達（RADO）表有一句經典的廣告詞：「不在乎天長地久，只在乎曾經擁有」，便是典型過程導向的思維模式。

　　在日常生活中，我們可以看到美容產品廣告通常會以美女來標榜使用該項產品後的成果、烹飪用品的廣告展示美味的食物，健身器材的廣告會展示使用者在使用了健身器材後健美的身材。由此可見，注重結果的訊息通常是比其他方式更具有說服力，且更受歡迎。

　　然而，過於注重結果可能會造成過於在乎做事的成效，也就是對於不良的成果採取「零容忍」的態度。不論在職場上、日常生活上，我們的一生不可能永遠事事如意、盡善盡美，勢必起起伏伏、有高有低，難道事事一定要力求完美嗎？也許你有聽過某某人是完美主義者，但什麼是完美主義呢？著名的德國哲學家弗烈德希‧尼采（Friedrich Nietzsche）曾經說過一句話：「在真善美的情境中，人們把自己設立為完美的標準；但在某些情況下，他只是沉溺在此情境中崇拜他自己而已。」

　　完美主義通常被認為是一種人格特質，其特點是追求完美，對目標表現的標準過高，並伴隨著過度批評。完美主義者被視為是那些「對自己設定極高的標準，對低於標準的東西感到不滿意」的人。在最近的臨床心理學中，完美主義被認為是導致多種精神疾病的原因，例如飲食失調、強迫症、焦慮和自殺。然而，其他社會心理學研究人員卻主張，完美主義未必一無是

處，但可能同時具有負面和正面的影響，這取決於完美主義者如何解釋他們的目標表現。完美主義可以分成「適應性完美主義」（adaptive perfectionism）和「適應不良完美主義」（maladaptive perfectionism）。適應性和適應不良的完美主義者都有一個共同的特點，即對他們的目標表現有很高的期望。當那些高度的期待無法實現時，「適應性完美主義」者會採取自我調適的手段；然而，如果沒有達到預期的目標表現，「適應不良的完美主義」者會對於自我給予嚴重的批評，並產生內疚與自責。

　　我有一位朋友，他自己本身是一位醫生，他的太太是一位音樂家。他的大女兒在求學時期就凡事力求完美，不論是在課業上、音樂上、繪畫上、甚至在體育競賽上都要求盡善盡美，卻不容許自己有任何失誤產生。只要是參加比賽或考試，一定要得到第一名才甘心，因此生活壓力非常大。為了在各方面的表現都達到最完美的境界，所以她每天的睡眠時間不超過五個小時，若是有任何一次的考試或競賽沒有拿到第一名或冠軍，就會受到很嚴重的心理打擊！

　　我有一次勸他們為什麼要把自己小孩逼迫地這麼緊，他說完全不是因為他的緣故，而是他女兒對自己的要求就是這麼完美。我則是勸他必須要告訴他女兒一個觀念：人生沒有永遠的

第一名！即使一輩子都處於順境也未必是件好事，「唯有些許的不完美才能成就人生真正的完美！」

　　上面的例子是告訴我們在日常生活中似乎應以過程導向為出發點，凡事盡力，對得起自己即可，不必太過在乎是否具有完美的結局。當你感到壓力很大而無法輕鬆面對「結果導向」的不完美結局時，不妨暫時跳脫當下的情境，徹底放空自己，不論是出門旅行、聽場演唱會音樂會，甚至找朋友聊天，均有助於釋放心理壓力。但最重要的是，放下「只追求滿分」的心態，才能回歸自我。

　　然而在職場上，這個觀念可能就必須做一些修正。想想另外一個情境：你的部門主管要求你在一週內完成一份工作上的評估報告，你自以為這份報告做得非常好，但你的主管看過這份報告以後卻打了回票。此時你的內心可能會想「我已經盡力了啊」！

　　但是請不要忘記，在職場上，公司要求的是績效與成果，而不是你是否已經盡力！如果覺得自己已經盡力，但還是未能達到公司所要求的績效的話，那這個時候可能必須反省一下自己的做事方式與是否有哪些關鍵能力有待加強，而並非以「我已經盡力了」作為藉口。

　　從上面的兩個例子可以歸納出一個原則：在面對自己內心的時候，過程導向的評估有助於你的身心靈健康；但是在面對工作的時候，則必須做自我調適，讓自己能夠盡量符合公司以結果導向為評估標準的作法。

　　心理學家推薦了幾種方法來減輕完美主義可能帶來的負面影響：

　　1. 接受不完美的存在：這世界上沒有完美的自己和個人，認清現實才能讓自己活出真正的自我。

　　2. 完美要以現實為前提：一味盲目地追求完美而忽略現實的處境，只會讓自己更加痛苦不堪。

　　3. 避免與他人比較：「沒有比較就沒有傷害」，指的是「社會比較理論」當中的向上社會比較。這世界上可能永遠有比你更優秀、更傑出的人，若你沉溺在無謂的「向上社會比較」當中，恐怕會讓你陷入挫折感的漩渦中無法自拔。

　　在自我的人生追求當中，「唯有善待自己，並放下自己的競爭心」，才能讓你享受不被束縛的人生，而讓身心靈得到釋放！

樂觀偏差效應

（The Effect of Optimistic Bias）

樂觀偏差效應（Effect of Optimistic Bias）：是一種認知偏誤，它是指相較於他人，人們覺得自己經歷負面事件的機率更低。「樂觀偏差」是一種很普遍的現象，無論是任何性別、種族、國籍和年齡的人，都具有「樂觀偏差」的傾向。心理學書籍中常常提到「我們透過玫瑰色眼鏡看世界的傾向」，指的便是人們都有一種誤以為事情最終都會圓滿收場的傾向。例如你我都很熟悉的「天塌下來有高個子頂著」、「生命終會找到自己的出口」等說法。我們經常對我們的信念或判斷，抱著比情理還大的信心，此種效應被稱為「過度自信障礙」（overconfidence barrier），也就是俗稱的「自我感覺良好」。美國羅格斯大學（Rutgers University）的尼爾‧韋恩斯坦（Neil D. Weinstein）教授曾提到，「樂觀偏差」在許多情境之下似乎不會帶來負面的影響，而且甚至於有益於我們的身心健康。

　　首先我們來看看為何會有許多人具有過度樂觀偏差的傾向。韋恩斯坦教授於 1980 年在《人格與社會心理學期刊》（*Journal of Personality and Social Psychology*）上的一篇文章〈對於未來生活的不切實際樂觀主義〉（*Unrealistic Optimism About the Future Life*），首度對人們的過度樂觀主義傾向提出了見解。

　　該份研究的結果指出，人們通常評估自己發生正面事件的機率比其他人高，但是對於負面事件發生在自己身上的機率卻又比其他人低。至於為何會有這種結果產生呢？韋恩斯坦教授觀察到，對該事件的渴望程度（degree of desirability）、認知發生的機率（perceived probability）、個人相關的經驗（personal experience）、認知的可控制性（perceived controllability），以及刻板印象顯著性（stereotype salience），都會導致過度樂觀偏差的發生。

　　對該事件的「渴望程度」是指通常人們對於正面的事件抱持有高度期待會發生的幻想，但又對於負面事件則會抱持相反的渴望。「認知發生的機率」是指正面事件發生在自己身上的機率，遠比發生在別人身上為高，但是負面事件發生在自己身上的機率卻比別人為低。樂透彩券便是一個很好的例子：大家明明知道中樂透的機率比走在路上被子彈打到的機率還低，那

為何有這麼多人卻對樂透彩如此的瘋狂？期待一夜致富好運降臨的渴望，驅使人們絡繹不絕地流連於彩券行前，特別是高額獎金即將開出的前夕。

「個人相關的經驗」是指因為自己在某件事物上可能頗具經驗或能力，所以一定比別人具有較高成功的機會或是較低的失敗風險。中國北方有句諺語說：「打死賣拳的，淹死會水的。」通常人們在某方面愈具有自以為是的優勢或經驗，反而更加容易陰溝裡翻船，此種心態在心理學中稱為「過度自信」（overconfidence）。周潤發主演的電影《賭神》當中有一句名言：「小心駛得萬年船」，可作為一般人高估自己能力或經驗的最佳警世名言。

「認知的可控制性」是指就算負面事件不幸降臨在自己身上，自己也有足夠的能力去處理此一不幸事件，並把可能造成的危害降到最低。「一切盡在我掌握中」的認知偏誤，便是造成人們高估自己並過度樂觀的原因之一。誠然，原本認為自己具有高度的「認知可控制性」並非壞事，但若缺乏自我認知的能力，而做出錯誤的自我解讀，一旦發生意外，恐將面對措手不及的窘態。

至於「刻板印象顯著性」則是指某一些人之所以會發生某些負面的事件，必定有其共同的特徵；而另外一些人之所以會蒙

幸運之神降臨，必定也有其值得學習之處。例如，會發福的人一定是平常喜歡吃高熱量的食物，例如珍奶、巧克力等；那些具有魔鬼身材的人一定是很注重飲食均衡，且保有定期的運動習慣。我們常常習慣由事情的結果來反推發生的原因，卻也常常因此落入歸因（attribution）的陷阱。中國當代的文學巨擘魯迅曾說：「可憐之人必有可恨之處」。如果這句話成立的話，是否人人稱羨的幸運寵兒也必有其值得學習之處呢？答案恐怕是未必吧！

在我們的日常生活當中，「樂觀偏差效應」的現象比比皆是。就以近來最熱門的 COVID-19 疫苗話題為例，雖然有不少國家深受疫苗不足之苦，但是許多歐美先進國家的困擾卻是疫苗庫存量太多，除了該國政府具有超前部署的先見之明以外，許多民眾對於疫苗施打興趣缺缺亦是主要原因。

雖然有不少民眾因為對於疫苗的生物安全性仍抱持疑慮的看法，但也有一部分民眾則是抱持著「樂觀偏差」的態度。也就是說，後者普遍有「我哪裡會那麼倒楣？不打疫苗也不會得到新冠肺炎」的心態。根據新聞報導，美國的新冠肺炎疫苗已經過剩到要給動物園的動物們施打，以免疫苗過期；紐西蘭政府則是會在購物商場中「攔截」逛街的民眾，並軟言相求施打疫苗。此一現象著實令疫苗短缺的國家之民眾感到既羨慕又不解。

　　除了施打疫苗之外，保險也是一個很好的範例。二、三十年前當保險的觀念還不普及的時候，許多人對於保險業務員上門推銷保險總是抱持著敬而遠之的態度。但隨著保險知識的普及，許多民眾也開始對保險有了初步的認知與了解。早期的保險廣告，描繪的情節大多是描繪「天有不測風雲、人有飛來橫禍」的風險，你永遠不知道下一刻會遭遇什麼天災人禍，有了保險才能讓你萬無一失。然而當年大多數人抱有過度樂觀的心態，所以這些廣告的成效似乎不彰。

　　過度樂觀偏差會使我們對於事物的判斷抱持著高於常理的信心，因此做出不合理性的判斷。那麼要如何避免自己產生過度樂觀偏差效應呢？

　　除了充分掌握資訊之外，最重要的便是放下過度自信的迷思，不論是從渴望程度、認知發生的機率、個人相關的經驗、認知的可控制性，以及刻板印象顯著性的角度觀察均是如此。樂觀不是壞事，但過度的樂觀恐會成為人生道路上的絆腳石！

　　相信自己固然需要勇氣，但勇敢地面對真正的自己又何嘗不需要更大的勇氣呢？

情緒效應

（The Emotion Effect）

情緒效應（Emotion Effect）：正面情緒真的有百利而無一害嗎？答案恐怕未必是肯定的。當然，就直觀而言，每個人都希望自己處於正面情緒的狀態；然而，正面情緒也可能有些常為人所忽略的缺點。首先。正面情緒讓我們更容易傾向對他人的要求，或其他形式的說服說「OK」或予以肯定；再者，正面情緒會助長捷思法的思考形成，也就是為了節省心力而對「可得性捷思法」（accessible heuristics）產生較多的依賴。用口語來說，正面情緒會讓人產生一種迷思：倘若一個訊息愈容易取得，它應該愈有影響力、愈具重要性。其背後的心理機制是，身處於此一資訊爆炸的時代中，捷思法導致人們可以不必多花認知資源去思索其他訊息，特別是當他們處於正面情緒之下。

以心理學的觀點來看，心情（mood）和情緒（emotion）在定義上略有不同。心情是指一個人在某段期間之內所處於的情感狀態，屬於一種主觀感受，即使沒有特定事件發生，仍然可能會形成某一特定心情。而情緒則是一種複雜的行為現象，其中涉及了許多不同程度的神經與化學作用整合過程，且較易受到外在環境的影響。

一個人當下的情緒狀態不外乎三種：正面情緒、負面情緒與中立情緒。相對於負面情緒而言，正面情緒通常肇因於有正面的事件發生，致使內心的狀態朝向正向發展。

相信絕大多數人都希望自己總是能夠常保正面情緒的狀態下，但是正面情緒真的是有百利而無一害嗎？學術界已有研究指出，人們在正面情緒的狀態下，很有可能會低估風險，並導致不理性的決定。此一說法的背後邏輯是：正面情緒會讓人們傾向於採用捷思法的思考模式，也就是僅運用極為有限的認知資源去處理分析現有的訊息刺激。

「情緒一致性模式」（emotion congruency model）更進一步指出，人們對事件的評價會受到情緒所影響：正面情緒傾向對事物予以正面的評價，而負面情緒則較易產生負面的評價。

從心理學的機制來看，當人們處在正面（或負面）情緒狀態之下。會將情緒對應到有正向（或負向）相關經驗之記憶節點（memory node），並將此投射到該事物上，因而產生主觀的評估。用口語化的方式來說，就是心情好的時候看什麼都順眼，心情不好的時候看什麼都不順眼。

然而，為何正面情緒未必一定有利呢？誠如前面所述，處在正面情緒下的人們在面對決策時，很有可能依賴直覺，也就是「推敲可能性模式」中所提到的邊陲路徑（peripheral route）去做判斷，而非系統性的全面思考（systematical thinking），因此產生錯誤的判斷。相反地，負面情緒比較容易讓人們對於外界訊息刺激予以謹慎思考，並權衡其中的利弊，以免萬一誤判會造成情緒更為低落。當然極度的負面情緒也有可能造成對外界刺激的處理動機降低，因而甚至暫緩做出決定，也就是採取所謂的「決策遞延」（decision deferral）模式。

我有一位年紀不算小的朋友，每當她在工作或生活上遭遇不順利的時候，她往往會把自己的心靈之窗關閉，躲在牆角默默地哭泣，並且意志消沉長達數月之久。雖然此舉可以解讀為情緒宣洩的一種方式，然而情緒宣洩應該適可而止，不該讓自己長期處於自怨自艾、怨天尤人的情境。

　　人生遇到問題應該勇於面對，設法找出解決之道，若是無法憑藉一己之力順利解決，也應該尋求友人或專業的協助。長期將自己沉溺在情緒低落的情境，對於問題的解決完全於事無補，恐只是徒然浪費時間而已。

　　再看一個例子。在我剛開始教書的前幾年，有一位在職班的同學想要辦理休學，我在收到他的休學申請單之後，便打電話給他詢問原因：

　　「怎麼啦？為何要辦休學？」

　　他回答我：「老師，因為我沒有信心能夠完成論文，一想到要寫論文我就一片茫然，不知道該怎麼進行，這些紛擾的思緒讓我情緒低落，而情緒低落又讓我更加沒有信心，如此反覆惡性循環，讓我不知所措。所以想先辦理休學，請老師體諒成全。」

　　「那你以後會回來辦理復學嗎？」我問。

　　「我下學期就會回來辦理復學了，請老師放心。」

「你是因為不知道該如何寫論文，造成情緒低落才想辦理休學？那為何下學期就會知道如何進行了呢？」我追問。

「嗯！好像說的也是，那我就先不休學好了。」他恍然大悟。

上述場景的解決方式，其實只是邏輯思維而已。以客觀的角度來看，人生遇到瓶頸應該是想辦法加以解決，而並非自己躲在角落自我療傷。誠然自我療傷確實能夠短暫修補受創的心靈，但是就長期來看，面對問題並加以解決似乎才是更重要的方向。不是嗎？

過去已經有為數眾多的研究指出，情緒可以說是蒙蔽人類判斷力的元凶之一。在相同的條件下，不同的情緒狀態會導致截然不同的判斷結果。因此在面對人生抉擇時，不妨試著先跳脫當下的情境，回頭認清自己的情緒狀態。正面情緒或負面情緒孰優孰劣並無定論，端視你如何加以自處。首要之務便是權衡訊息刺激的重要性，而非自己的情緒狀態。

也許你想知道，如果真的遭遇了極端的負面情緒該如何自處？

　　首先，試著抽離當下的情境，盡量讓自己的心境放空，接觸從事自己有興趣的事物。甚至近年心理學界很流行的藝術治療、遊戲治療等，都有助於探索個人的問題及潛能，並協助人們達到自我療癒的效果，並讓自己的心理素質變得更為強大。

　　然而，讓自己的心理素質變得更為強大，並不是指讓自己成為一個沒血沒淚、沒有溫度的人，而是要懂得在超過本身心理負荷的情況下從事情緒修復，藉由透過情緒修復的手段使得自己能夠避免情緒效應帶來的負面影響。

演員──觀眾偏誤

（Actor-Observer Bias）

「演員－觀眾偏誤」（Actor-Observer Bias）：又經常被稱為「演員－觀眾效應」（actor-observer effect），是由美國社會心理學家愛德華‧瓊斯（Edward E. Jones）與理查‧尼斯貝（Richard E. Nisbett）於 1971 年所提出。在他們所出版的《演員與觀眾：行為成因的分歧認知》（*The Actor and the Observer: Divergent Perceptions of the Causes of Behavior*）書中首度談到「演員－觀眾偏誤」這個名詞，它意指我們通常會將造成自己行為的原因，歸因至不可抗拒的外部情境因素，而將其他人的行為歸因到內在原因（例如性格）的傾向。基本上，「演員－觀眾偏誤」屬於「基本歸因謬誤」（fundamental attribution error）的一種形式。

　　「演員─觀眾偏誤」是社會心理學當中的一個名詞──人們傾向於把自己的行為歸因於外部的因素，但卻把別人相同或近似的行為歸因於內部的因素。演員─觀眾偏誤是屬於一種歸因偏誤（attributional bias），它在我們認知他人和與他人互動當中扮演一個很重要的角色。基本上，人們似乎總是會視他們在某一情境中擔任的是演員或觀眾的角色，而據以做出不同的歸因。

　　「演員─觀眾偏誤」特別經常發生在負面結果的情境當中。舉例來說，當某人歷經了一些負面事件之後，他通常會把此種負面的結果歸咎於當下的情境使然；但是如果此種負面事件發生在他人身上，此時人們卻會將此種結果歸因於那些人咎由自取或是不當行為所致。

　　現代人外食的機會增加，飲食不均衡的狀況時有所聞，因此不論男女，體重超標的人數愈來愈多。請試著想像一個情境：某天當你去醫院領取年度的健康檢查報告，醫生嘆了一口氣苦笑著說：

　　「你的體脂肪和膽固醇過高，飲食要均衡，並且要多運動，要恢復到正常人的水準才行啊！」

此時，你可能不會怪自己平常吃太多高熱量的食物，反而自欺欺人地這麼告訴醫生：

「我的肥胖是因為遺傳的關係，我是個連喝水、呼吸都會發胖的人啊！」

但是如果你的朋友告訴你，他的體脂肪和膽固醇有過高的現象，你可能會半開玩笑地說：

「誰叫你這麼愛喝珍珠奶茶和吃鹹酥雞，你自找的啊！」

不論是哪種情況，你似乎都不會把體脂肪和肝膽固醇過高的原因，客觀地歸因為你自己毫無節制地暴飲暴食以及缺乏運動。簡單地說，「演員－觀眾偏誤」便是指當不好的結果發生在自己身上之時，我們會兩手一攤地說，「我沒辦法啊！這不是我能控制的事」；但當這些不好的事件發生在別人身上的時候，我們就會說，「那是他活該自找的」！

心理學家還發現一件很有趣的現象：當「演員－觀眾偏誤」發生在他人身上時，其程度的強弱也會視你和對方的熟悉度而定。如果對方是你熟識的人或是親朋好友，此種「認為對

方咎由自取」的偏誤程度會減弱。

研究結果還指出，此一現象可能是因為對方是你熟悉的人，所以你對於他的一些個人情況有所了解，因此比較不會產生偏誤心態。但其實更合理的推測，應該是由於對方是你的親朋好友，你在潛意識當中將他視為是「第二個自己」，因此偏誤心態的程度會降低。

「當局者迷，旁觀者清」似乎可為「演員－觀眾偏誤」作出最佳的詮釋。當你扮演演員的角色時，由於無法觀察到自己本身的行為，為了追求一般人渴望達到的高自尊（self-esteem）與自我肯定（self-positivity），自然而然地就會把負面結果歸因為受到外在因素的干擾；但當你扮演觀眾的角色之時，由於對外界因素的變化瞭如指掌，因此會將負面結果歸因於內在的人為因素。

試著想像一個情境：如果有人對你講話很沒禮貌的時候，你會對自己說：「哇，那個人今天一定遇到一些很倒楣的事，我完全能體會他為什麼對我講話那麼沒禮貌」，還是你也會毫不客氣地嘲諷對方是個沒教養的人？

如果你的反應與後者相似，那麼你便是把別人的行為歸因於「這個人天生就是個粗人」（內部因素），而不是「他今天大概很倒楣」（外部因素）。但是如果情況反過來，如果你對別人出言不遜，你可能會說那是因為「我今天很倒楣，所以心情不好」（外部因素），而不會承認「我天生就很沒水準」（內部因素）。

其實「換位思考」是人生中一個很重要的觀念。你也許有過下列的經驗：

當你騎機車的時候，你覺得那些開汽車的人一點都不懂得禮讓機車，真是天生沒水準（內部因素）；但是當你自己開車而沒禮讓機車的時候，你又會覺得那些騎機車的人橫衝直撞，我在趕時間耶（外部因素）！你們這些騎機車的人不懂得讓路嗎？

當你身為員工的時候，你覺得老闆給的工作壓力太大真沒良心，這個老闆天生沒血沒淚（內部因素），但是當你當老闆的時候，你又覺得這些員工一點都不夠積極，為什麼作事都是得過且過，只求敷衍交差了事（外部因素）；當你是顧客的時候，可能會認為店員的服務態度怎麼如此糟糕，愛理不理似

的，這種個性天生就不適合當服務生啊（內部因素）！但是當你是店員的時候，你又覺得這個顧客怎麼這麼挑剔？自以為是誰呀（外部因素）？

　　其實在許多事情的觀念上，雙方的看法都不能說有問題，而是問題在於我們所處的位置不同而產生不同的立場。因此我們要懂得「換位思考」，切莫「換了位置就換了腦袋」。套句心理學術語，也就是要具有「同理心」。唯有懂得同理心，才可讓你更加理解別人，不會墮入「演員─觀眾效應」的陷阱。在我們批評別人「換了位置便換了腦袋」的當下，是不是也該同時反思自己是否被「演員─觀眾效應」所左右呢？

Chapter

27

自利偏誤

（Self-Serving Bias）

自利偏誤（Self-Serving Bias）：「自利偏誤」理論早在 1960 年代末至 1970 年代便開始受到關注。然而，奧地利心理學家弗利茲・海德（Fritz Heider）發現，在模稜兩可的情況下，人們會根據自己的需求作出歸因，以保持更高的自尊；也就是說，「自利偏誤」主要來自於我們處理社會訊息中的特定傾向，用以保護並增強我們的自尊。但另外有一派學者主張，人們創造的「自利偏誤」是理性的，與個人的自尊需求無關。這意味著，如果事件的結果與本身的期望一致，那麼他們就會產生性格歸因（內部因素）。但另一方面，如果事件的結果與人的預期不符，他們會透過歸咎周圍環境而非怪罪自己來做出情境歸因。一般而言，人們將正面結果歸因於內在因素，而將負面結果歸因到外在因素上的傾向，不但是一種很普遍的現象，同時對於自我保護還有很強大的作用。

　　也許你曾經聽過長輩提及當初他們的年代是多麼得辛苦，每個人能求溫飽都不容易了，哪裡像你們這些年輕人現在這麼好命？此種誇讚自己、貶抑他人的思想與行為傾向，在心理學上稱之為「自利偏誤」。以心理學的觀點來看，「自利偏誤」能夠提高個人的自尊感，讓自己在心態上處於高人一等的優勢地位。抱持「自利偏誤」心態的人，通常會把自己的成功歸因為內在的個人因素，但卻將自己的失敗或不成功歸因於外在的因素。例如，這些人通常會覺得，自己的成功是因為本身的努力或者是能力比他人優秀；但如果是失敗的話，則是因為沒有貴人相助（外在因素），而不是自己的能力問題（內在因素）。

　　現今台灣的房價高漲，尤其是六大都會區的房價，已非一般領正常薪水的年輕人所能負擔。但反觀這些年輕人的父母或更上一輩的祖父母們，他們當年的經濟條件應該比現在更加不如，但是他們很多人卻都擁有房地產（有些甚至擁有不只一戶的房產）。因此年輕人可能會常常聽到這些長輩們這麼說：

　　「我們當年這麼困苦都買得起房子了，你們這些年輕人就是不知道節儉，總是亂花錢，所以才買不起房子！」

　　然而事實真的是這樣嗎？其實從經濟學上的「房價所得

比」來計算購屋能力，應該是一個相對較為客觀的評估準則。所謂的「房價所得比」，就是「房屋價格的中位數」除以「家庭年度可支配所得的中位數」。用口語化的方式來說，就是一個中等收入家庭在扣除必須的生活開銷之後，需要花多少年才買得起一棟房子。

　　國際上一般認為房價所得比如果超過 6 的話，就代表房價偏高。然而，以 2021 年內政部的統計數字來看，台北市、新北市和台中市的房價所得比都超過 10 以上，其餘的桃園市、高雄市和台南市的房價所得比也都超過 7 以上。換句話說，台灣六大都會區域的房價所得比顯然都偏高。讓我們回到 1970 年代看看，台北市精華區之一的光復北路和南京東路一帶的當時房價所得比也不過是 8 左右。由這些科學的統計數據觀之，現在年輕人買不起房子，似乎未必全然是年輕人理財方式有問題，房價飛漲恐怕才是關鍵所在！

　　以上以購屋為例來說明常見的「自利偏誤」。事實上，除了世代優越感容易引發「自利偏誤」之外，在職場上或是子女教育問題上也常見「自利偏誤」的情況存在。

　　如果你目前是上班族的話，你可能在公司內會聽到一些前

輩訴說當年他們在剛進入職場之時是多麼得辛苦，一切的物質和環境都不像現在這麼進步，他們也是靠著自己的努力奮鬥才有今天的成就和地位。你也可能聽到他們在抱怨現在的年輕人都不願意為工作全力打拼付出，只想安逸地過日子，甚至總結一句話：「真是一代不如一代啊！」

從現今的教育制度來看，由於當年教育部開放廣設大學的政策之故，大學考試近十年來的錄取率屢屢高達 90% 以上，套句周星馳電影《食神》中的說法，幾乎可說是「只要有心，人人都可以唸大學」。然而，此一現象對於現今五、六十歲以上的人而言，簡直是不可思議的奇蹟！當年他們大學聯考的錄取率大約只有不到 20%，更別談現今各種多元化的入學方式（例如繁星推薦、推甄、個人申請等等）。因此這些五、六十歲以上的中壯年會向年輕人這麼說：

「你們年輕人真的是很好命啊！想當年我們考大學難如登天……」

根據個人的觀察，從各個層面的角度來看，上述所謂「倚老賣老」型的「自利偏誤」可說是世代對立一個最主要的原因。西元二千年後出生的年輕人可能覺得 60、70 年代的人有

幸趕上台灣經濟蓬勃發展的腳步與股票榮景的階段而致富，而且占據了現今絕大多數的社會資源；但反觀自己由於台灣近 20 年來的經濟成長停滯而看不到光明的未來。但 60、70 年代的人卻也很羨慕 00 後的現代化生長環境，怨嘆自己早生了三、四十年而當年享受不到。其實不論是哪一個世代，為何不試著拋下「自利偏誤」的觀點來看待彼此呢？

每個人也許都知道，由於時空背景的不同，這個世界上恐怕沒有絕對的公平性存在，如果一味地將自己陷於立足點是否公平的泥沼中無法自拔，而忽略了凡事應該向前看的積極態度，只會錯失讓自己成長進步的契機，同時也只會讓自己變得怨天尤人，徒然感嘆生不逢時！

你我都必須認清一個事實：人生沒有回頭的權利！也就是我們常聽到的一句話：「作了過河卒子，只能勇往直前」！唯有從內心真正放下「自利偏誤」的觀點，才能解決世代對立的問題，並進而創造屬於自己的光明未來！

布里丹毛驢效應

（The Effect of Buridan's Ass）

布里丹毛驢效應（Effect of Buridan's Ass）：14世紀的法國哲學家約翰·布里丹（John Buridan），有一次在演講中提到一個寓言故事，大意是說：有一頭小毛驢面對了兩堆無論是在數量、新鮮度、距離自己遠近都相等的稻草時，牠走到左邊聞一聞其中一堆稻草，又走到右邊聞一聞另外一堆稻草，始終無法下定決心要吃哪一份，在兩堆稻草之間來來回回地猶豫不決，結果這頭試圖找出最佳選擇的小毛驢竟然因此而活活餓死了。這則寓言故事告訴我們，有的時候太過執著於自以為是的理性選擇，反而此種理性選擇本身就是一種不理性的決定。

　　在上面這則預言中，小毛驢由於過於執著於理性選擇，反而做出了不理性的行為決策，後來人們便把此種行為稱為「布里丹毛驢效應」（effect of Buridan's Ass）的寫照。乍看之下，這頭小毛驢似乎很傻，但是請回想一下，在日常生活中你是否也存有類似的矛盾心態？

　　許多人猶豫不決的主要原因，是不知應該從哪種角度做選擇。心理學家將這種猶豫不決的心態簡化成兩種選擇：遵循你的心，還是遵循你的腦？簡單地說，遵循你的心就是感性的選擇，而遵循你的腦則是理性的思考。感性的選擇是「想要」（want），理性的選擇是「需要」（need）。

　　「外貌與智慧兼具，理性與感性並存」，似乎永遠是你我可望而不可及的夢想。在面臨人生抉擇的時候，無論你是以理性還是感性的角度出發，猶豫不決似乎都不應該列為優先選項。勇於選擇永遠優於不知所措的徘徊，雖然選擇可能是一種耗費心力的過程，如果把自己困在左右為難的情境之下，恐怕是另一種形式的折磨。

　　相信大家都聽過阿拉丁神燈的故事，我曾經聽過一個類似的寓言。有一天，有一位沙漠旅人在一望無際的沙漠中撿到一

盞神燈，在好奇心的驅使下，他把神燈撿起來並加以擦拭。此時突然從神燈中鑽出了一位天神。

「我因為犯了天條，被關在神燈中已經一千年了，謝謝你把我從神燈中釋放出來。」天神十分感激地說。

「你看到前方有一座城堡嗎？城堡內有三個房間，每個房間代表不同的禮物。你可以從這三個房間當中任選一個房間內的所有物品作為我對你的酬謝。」天神用手指著前方的城堡這麼說道。

「但請記得，請務必在我手中的蠟燭燃盡之前返回這裡，並告訴我你要選擇哪個房間，否則一切都將化為烏有。」天神一邊說著，一邊隨手取出蠟燭並點上。

到達天神所指定的城堡之後，這位旅人迫不及待地推開了第一扇門，發現裡面有數不盡的奇珍異寶、光彩奪目，金碧輝煌的裝潢更幾乎讓他的眼睛幾乎快睜不開了。他本來想不要再往下看了，就選擇這個房間吧？但在好奇心的驅使下，讓他推開了第二扇門，映入眼簾的是滿屋子充滿異香的珍貴食材，偌大的餐桌上有一張紙條寫著：

「每天享用這些食物，可以讓你永保健康、長生不老。」

　　他的內心交戰著，到底要選第一個房間，還是第二個房間呢？在內心猶豫不決的情況之下，他又推開了第三扇門，第三個房間之內擺放了滿屋子的書籍，精緻的書桌中央有一顆光澤耀眼的智慧之珠。在這顆珍珠旁邊有一張紙條，上面寫著：

「擁有這顆智慧之珠，可以讓你成為全世界知名的作家，備受世人尊崇。」

　　霎時之間，珍寶、長生不老、聲名，彷彿都在向他揮手召喚……此時他心中想著，若有了黃金珍寶，我就可以過著奢華的高品質生活，但隨即又想到，若是無法長生不老，擁有用之不盡的珍寶又有何用？接著又想到，即使自己能夠長生不老，但卻一生默默無名，這和苟活於世有何差別？一時之間，他感到腦海中天旋地轉一片混亂，不知該如何取捨。正當他內心躊躇著在這三個房間來來回回地踱步，不知該如何決定之際，不知不覺地時光飛逝，「轟」地一聲巨響，這位旅人急急忙忙地跑回原本和天神約定的地方，只見到掉落在地上已燃燒到盡頭的蠟燭。霎時之間，天神、神燈以及這座城堡全部都消失無蹤……。

　　這則故事的不完美結局，也許歸因於這位旅人的猶豫不決，就如同「布里丹效應」中的那頭小毛驢一樣，寧願選擇猶豫，也不願意勇敢地做出選擇。

　　人生本來就是由許多選擇題所組合而成。然而，在人生的道路中。許多人都試圖追求「最佳解」，而非「相對較佳解」。為了追求心目中的「最佳解」，許多人都墮入了「拿起又放下」的無盡循環，並把過多的時間花費在徒勞無功的無盡追求之上。

　　例如，股市起起伏伏，永遠沒有人能夠預知何時是最佳買點與賣點，即使股市之神巴菲特也有看走眼的時候。唯有在相對高點的時候選擇賣出，相對低點的時候選擇買進，才能避免虧損的風險。這個道理人人都懂，但人們一旦身歷其境，「要賣時考慮是否還會再漲，要買時考慮是否還會再跌」的猶豫不決心態，通常會導致進出股市的最佳時機。

　　追求完美原本無可厚非，但是一味地盲目投入在遙遠天邊、且無法預知未來的賭注，真的是明智的抉擇嗎？無論在人生上、工作上，我們都面臨了一連串的單選題，若是為了其中的一兩題猶豫不決而導致無法做完全部的試卷題目，豈非因小

失大？為了一棵樹而放棄一座森林，恐非智者的選項。因此，當機立斷的明快選擇，已成為現代成功人士的技能之一。就如同在商場上的廠商都很清楚，若是一直躊躇著某項新產品是否已經百分之百地盡善盡美才推出上市，恐怕會讓競爭對手捷足先登而錯過市場先機。

　　在人生大事上的抉擇也是如此。台灣「不婚族」的比例頗高，在我周圍的朋友中，亦有許多人已經超過了適婚年齡卻尚未成家。在過往的聊天過程當中，我曾詢問他們為何尚未成家的理由，所獲得的答案大部分不外乎兩種：尚未找到我心目中完美的對象，以及尚未找到比我更優秀的人。通常男性的回答是「因為沒有找到心目中完美的對象」，此時我通常會問，「什麼是你心目中完美的標準呢？」所得到的答案，從外貌、身材、家世、職業、性格是否相符等等不一而足。而女性的回答通常是「我當然要找比我自己優秀能幹的男生，如果對方條件比我差的話，我為什麼要和他在一起呢？」

　　每個人要尋找自己心目中的 Miss Right 或是 Mr. Right 當然無可厚非，但是除非抱持著「如果等不到，這輩子單身也無妨」的心態，否則極有可能會錯過美好的姻緣。選擇單身這件事本身沒有所謂的是非對錯，只不過是個人的選擇。只要有把

握能對自己的選擇負責，不要為當年的猶豫不決感到後悔，也算是一種人生的歷程與對生命的試煉。

　　在現代的婚姻關係上，婚姻不應該如同速食麵一般地即泡即食，即使經過長期的相處，仍然有可能需要歷經磨合的過程。男女雙方各自就如同一塊璞玉，彼此都是對方的玉匠，透過互相琢磨的過程才能讓彼此發出更加璀璨的光澤。若是因為對方目前不是光彩奪目的鑽石而遲疑不敢決定攜手一生，那麼自己和「布里丹之驢」又有何差異？「天作之合」永遠只是婚宴場合的祝福語，唯有透過彼此的細心雕琢，才能成就一對具有溫潤光澤的玉石！

Chapter

29

訊息多面性效應
（The Message Sidedness Effect）

訊息多面性效應（Message Sidedness Effect）：只談正面訊息真的比較好嗎？單面訊息或雙面訊息對態度或信念改變的說服效應稱為「訊息多面性」效應。簡而言之，「訊息多面性效應」可以追溯到美國耶魯大學心理學家卡爾・霍夫蘭（Carl Hovland）與另外兩位心理學家亞瑟・朗斯丹（Arthur Lumsdaine）和福瑞德・雪菲爾德（Fred D. Sheffield）有關說服訊息的研究，他們指出當大眾如果一開始便對某一特定訊息的觀點持保留態度時，雙面訊息會比單面訊息更具有說服力。

　　就某種程度上而言，「訊息多面性效應」似乎有點違反直覺，一般常理是，當呼籲大家接受某一主張時，不應提出負面或令人可疑的論點，以免引起猶豫和懷疑。然而為何雙面訊息可能會對態度和認知反應產生正面影響？首先，雙面訊息明確承認在某些屬性上未盡如人意，此舉有助於阻止大家對這些屬性產生進一步的反駁；再者，這些自承未盡理想的說法會增強訊息中其他正面論點的可信度，因而成功地說服大眾。

　　金庸小說《鹿鼎記》中韋小寶這號人物，無論從電影或是小說中，想必大家對他均耳熟能詳。韋小寶是個滑頭的小壞蛋，沒唸過什麼書，但卻對人性洞悉得頗為透徹。《鹿鼎記》中提到，韋小寶說謊的時候，他會把握一個原則：「三分真，七分假。」換句話說，如果整句話全部都是謊言的話，比較容易露出破綻；但如果整句話的內容真中帶假，假中帶真，可信度就會提高。

　　「訊息多面性效應」也是類似的概念，只不過重心並不在於內容的真假，而是正面與負面訊息是否同時存在。單面訊息是指，訊息中一面倒地只包含正面或隱惡揚善的內容；而雙面訊息則是指訊息內容同時具有正面與負面的訊息，但其中的重點是優點相對突出，而缺點則相對地微不足道，也就是所謂的

「瑕不掩瑜」。

　　大家都有看廣告的經驗，不論是電視廣告、報章雜誌廣告、網路廣告，映入眼簾的內容幾乎千篇一律地對於廣告中的商品讚譽有加，彷彿是萬中選一的優良產品。若你一旦錯過，勢必後悔終生。然而，消費者的反應真的如同廠商所想的這樣嗎？消費者對於廣告所宣稱內容真的會照單全收、沒有絲毫質疑嗎？答案恐怕是否定的。根據廣告學者的研究指出，一般人對於廣告內容的相信度僅有 39%。換句話說，廣告內容中的敘述，消費者對之採取相信態度的程度不到一半。

　　那為何廠商總是選擇正面陳述而刻意淡化或忽略負面陳述呢？就直觀的邏輯思維來看，廠商若自承產品的缺點，恐會引起消費者不必要的負面聯想（negative association），因而對產品抱持觀望的態度。雖然此一觀點不能說是有誤，但仔細地推敲其中的內涵，難道消費者不會覺得只談產品優點的廠商有「老王賣瓜，自賣自誇」的嫌疑嗎？

　　美國耶魯大學心理學家卡爾‧霍夫蘭（Carl Hovland）與另外兩位心理學家亞瑟‧朗斯丹（Arthur Lumsdaine）和福瑞德‧雪菲爾德（Fred D. Sheffield）的研究指出，如果消費者一

開始便已經對該產品有所疑慮，雙面訊息手法反而會是較佳的廣告策略。因此，到底是否要採取以往行之有年的單面訊息策略，恐怕是一個值得廠商深思的問題。

即使如此，絕大多數的廣告都還是側重或完全地把廣告內容的重心放在介紹自家產品的優點，也就是單面訊息策略，絕少有廠商願意甘冒自承產品本身的缺點。許久以前，某一品牌的洗碗精標榜「百分之百純天然植物性配方，保護您的玉手，就算貴一點也值得」。以此為例，「純天然植物性配方」與「保護您的玉手」為正面訊息（優點），「貴一點」為負面訊息（至少對於不少人來說是缺點）。以「訊息多面性效應」來看，該廠商採取的便是「瑕不掩瑜」的雙面訊息策略。

中國大陸江蘇衛視有個頗為火紅的電視相親節目「非誠勿擾」，節目中的男女來賓有不少都是「外在內在兼具」，無論個性、長相、氣質、外型、談吐均為百中挑一的一時之選。姑且不論參加的來賓是否是節目製作單位找來的「演員」，但是男女來賓的內在與外在條件如此之佳，令人不禁懷疑為何需要參加相親節目尋找戀愛的對象。也難怪有關於節目造假的傳聞甚囂塵上了。

　　在男女交往的感情道路之上，無論是男性還是女性，在感情開始發展的初期，基本上都是隱惡揚善，也都是盡量表現出自己的長處，隱藏自己的缺點，讓人產生一種近乎完美的觀感，也就是雙方都採取的是「訊息多面性效應」中的單面訊息策略。然而久而久之，潛伏在性格中的弱點便會逐漸展現出來。套句黃舒駿「戀愛症候群」中的歌詞：「經過一段轟轟烈烈的熱戀時期……兩人開始互相厭倦……所有甜蜜都隨風而去」。

　　為何會造成這種常見的現象呢？說穿了很簡單，也就是雙方一開始交往初期，由於對彼此印象過於高估，而造成超量的心理預期（psychological expectations），一旦隨著雙方彼此的互相習慣，內心本質便會逐漸展現，此時雙方才赫然覺悟，原來心中所愛的只是自己幻想出來的對象，完美偶像只是一場泡沫。

　　愛情本身便具有盲目的本質，當你陷入愛情之中才會更加明白。電影《那些年我們一起追的女孩》中，女主角對男主角說：「我沒有你想像中的那麼好。說不定你喜歡上的，只是你想像中的那個我。」雖然劇中的場景只是發生在十多歲少男少女的青澀之戀（puppy love），然而不可否認地，在成人的世

界中，無論是刻意或是誤解，在開始交往初期，誤以為對方就
是完美的化身，並且覺得相見恨晚，此種場景也屢見不鮮。

　　為了要避免「因誤會而結合，因了解而分手」的情節一再
上演，在交往的過程中，男女雙方都應該坦誠地展現自己。這
世界上絕不存在完美的人，你我所需要的只是和自己在各方面
能夠彼此調適的對象，而非那個存在自我想像中完美的形象。
「過度完美總讓人有種不真實的感覺」，不是嗎？唯有真誠，
才能讓你在感情的路上不再跌跌撞撞，早日找到真正屬於你的
真命天子或真命天女。

Chapter 30

同溫層效應

(The Stratosphere Effect)

同溫層效應（Stratosphere Effect）**：**又稱為「迴響室效應」（echo chamber effect），通常是指在一個相對與外界隔離的環境中，某些觀點相近的聲音不斷重複出現，並持續地以強烈或更誇張的形式一再重複放大音量，讓整個環境中充斥著排他的觀點，猶如回音的效果一般，並因此使得處於該封閉環境中的大多數人認為這些非全面、且經過扭曲的觀點就是事實的全貌。在現代社會中，由於網際網路中社群媒體蓬勃地發展，使得同溫層效應的現象更加普遍。

　　在目前網路發達的社會中，有許多線上社群媒體（例如 Twitter 或 Facebook），提供了幾乎即時、而且幾乎無成本的方式，讓消費者彼此可以暢所欲言地交換訊息。而這些社群媒體的獲利來源是什麼呢？答案是——所有社群媒體都希望用戶能夠在該平台停留更久的時間，藉此獲取更高的廣告收入。這些社群媒體透過大數據分析的技術，來獲取用戶的瀏覽與搜索紀錄，並針對這些用戶的使用習慣來推播符合這些用戶觀點或需求的網站或商業訊息。幾乎當下所有的社群媒體網站（包括 Twitter、Facebook、Netflix），都是以此種方式來強化本身的獲利。

　　這些社群媒體以前所未有的擴散能力，形成了訊息傳播的平台，並極度影響我們對訊息認知的接受度。在以分眾為基礎的社群媒體中，同質化是一種極為普遍的現象。也就是說，人們更喜歡與他們觀點相似的人並與其互動。同質化（homogenization）導致了在現實社會或虛擬社會中，自然而然地透過兩極化（polarize）的運作模式，將所有群體劃分為各自具有不同觀點的次群體（subgroup），並因此形成了各自的迴響室（echo chamber），各個迴響室內成員的觀點趨近於一致，且隨著時間的推展，彼此的思想與情感更為凝聚。

　　以最白話的方式來說，「同溫層效應」就是一群觀念、立場或價值觀彼此相似的人們聚在一起相濡以沫或互相取暖，並且同仇敵愾地對於外界不同的觀點嗤之以鼻。

　　同溫層原本是氣象學上的專有名詞，依據溫度的垂直分布與變化來區分，大氣層自下而上可以分為對流層、平流層、中氣層和增溫層四種，其中「同溫層」又稱為「平流層」。與其他氣層相比，由於平流層內的大氣基本上是維持以水平、而少有垂直方向的流動，所以平流層內的氣流相對於其他氣層較為平穩。後來心理學家們也開始運用認知的觀點來詮釋「同溫層效應」，並以同溫層來類比人們喜歡接近與自己意見、觀點與立場相近的人事物之現象。

　　由於我們每天所接收到的訊息刺激多如牛毛，感官系統無法對所有刺激均加以處理，因此必須透過篩選的過程來過濾出自己可能有興趣的訊息。然而感官系統也可能會發生漏網之魚的情況，而讓某些不速之客的訊息得以跨越感官門檻（sensory threshold），甚至意識門檻（threshold of consciousness）。當人們意識到與本身的價值觀和立場不同的訊息闖入自身的同溫層之時，極易產生認知失調（cognitive dissonance）的現象。為了解決這種心理不適的狀態，認知體系通常會採取「選擇性

扭曲」（selective distortion）的作法來紓緩此種心理不適感。「選擇性扭曲」是指人們對於那些與自我感覺或信念相衝突的資訊，從知覺解釋上予以改變或曲解。

讓我們舉個例子來看，2020 年台灣總統大選，國民黨派出當時聲勢如日中天的高雄市長韓國瑜與民進黨的現任總統蔡英文對決，在選舉進行的過程當中，特別是在個別的造勢場合，韓粉（韓國瑜支持者）和英粉（蔡英文支持者）分別為自己的候選人加油打氣、互別苗頭的場景，相信讓許多民眾，甚至外國媒體都感到印象深刻。

以上面的例子來看，在各自支持的陣營內，支持者即使彼此不認識，也會因為相同的政治理念而感到彼此心靈的契合，對於同一陣營內支持者的言論與看法，通常會表達出包容與認同的態度。但對於敵對陣營的言論，群體內的所有支持者幾乎一律炮口對外地表達出鄙視甚至唾棄的看法，這便是典型的「同溫層效應」。

「同溫層效應」不只被應用在網路世界與政治認同的領域當中，在組織心理學界也有類似的說法。二十世紀初期的義大利哲學家安東尼奧・葛蘭西（Antonio Gramsci）便曾提出了類

似「同溫層效應」的「集體迷思」（group think）概念。美國心理學家艾爾文・詹尼斯（Irving Janis）更利用「集體迷思」一詞來詮釋，為何在團體中集合眾人之智反而容易作出不理性的決策。

詹尼斯指出，在集體決策的過程中，由於團隊成員傾向讓自己的觀點與其他人趨於一致，以避免自己成為眾矢之的，因此反而使得該群體在缺乏多元性思考的角度下，無法對決策進行客觀的分析。在瀰漫著「集體迷思」的情境下，與眾不同或別具新意的觀點，將會自動地銷聲匿跡。

雖然「同溫層效應」有助於個人的心理健康，但是對於整個社會而言卻未必是件好事。由於「同溫層效應」的兩極化（polarization）特性，容易造成不同觀點的人或群體產生極端性（extremeness）與排他性（exclusiveness）。也就是說，非屬同一同溫層內的人們傾向於彼此互相對立，甚至於敵視。對於現代多元化的民主社會發展，恐怕是弊多於利。

那麼要如何避免「同溫層效應」無限制放大所帶來的價值誤判，不妨先由個人做起：

　　1. 包容異議：有「法蘭西思想之父」稱號的 18 世紀法國哲學思想家伏爾泰（Voltaire）有句名言：「雖然我不認同你，但是我誓死捍衛你發表言論的權利」，這句話想必每個人都耳熟能詳，但放諸四海，無論在現實或虛擬社會中，真正能確實服膺者恐怕寥寥無幾吧！

　　2. 接受不同觀點的訊息：「同溫層效應」最為人所詬病的一點，便是對於和本身立場、觀點、價值觀相左的言論無法採取寬容的態度，單方面地認為自身的認知才是真理，而且具有放諸四海皆準的客觀性。此種主觀的認知偏差，並無助於認清事實真相與未來自我成長。唯有對不同看法能夠表達出兼容並蓄的態度，才能打破僅侷限於互相取暖層面的認知框架。

　　看完以上有關於「同溫層效應」的說明之後，不妨捫心自問：「今天，你離開同溫層了嗎？」

人生顧問446

直覺陷阱：擺脫認知偏誤，擁有理性又感性的30個超強心理素質

作者　　　高登第
主編　　　謝翠鈺
封面設計　陳文德
美術編輯　趙小芳

董事長　　趙政岷
出版者　　時報文化出版企業股份有限公司
　　　　　108019 台北市和平西路三段二四〇號七樓
　　　　　發行專線｜(〇二)二三〇六六八四二
　　　　　讀者服務專線｜〇八〇〇二三一七〇五｜(〇二)二三〇四七一〇三
　　　　　讀者服務傳真｜(〇二)二三〇四六八五八
　　　　　郵撥｜一九三四四七二四時報文化出版公司
　　　　　信箱｜一〇八九九　台北華江橋郵局第九九信箱
時報悅讀網　http://www.readingtimes.com.tw
法律顧問　理律法律事務所｜陳長文律師、李念祖律師
印刷　　　勁達印刷有限公司
初版一刷　二〇二二年三月十一日
初版二刷　二〇二二年五月十六日
定價　　　新台幣三八〇元
（缺頁或破損的書，請寄回更換）

直覺陷阱：擺脫認知偏誤,擁有理性又感性的30個超強心理素質/高登
第作. -- 初版. -- 臺北市：時報文化出版企業股份有限公司, 2022.03
　　面；　　公分. -- (人生顧問；446)
　　ISBN 978-626-335-045-8(平裝)

　　1.CST: 心理學　　2.CST: 通俗作品

170　　　　　　　　　　　　　　　　　　　111001627

ISBN 978-626-335-045-8
Printed in Taiwan